Nº 3
COURS MOYEN

MORALE
DES ENFANTS

AVERTISSEMENT

Cette *troisième partie* du Cours complet de lecture est plus spécialement destinée aux élèves du Cours moyen. Nous lui avons conservé son caractère essentiel en employant des lectures variées, courtes, attrayantes, capables de piquer la curiosité des enfants, de soutenir leur attention, d'enrichir leur mémoire et de former leur cœur. C'est ainsi que se succèdent des récits où respirent une saine morale et le patriotisme le plus pur; — des notions élémentaires sur les connaissances usuelles et qui constituent de véritables leçons de choses; — de gracieuses poésies, que les enfants pourront apprendre pour la *récitation,* sans qu'il soit besoin d'un recueil spécial et d'une inutile dépense.

Dans sa forme et dans son esprit, ce petit volume répond à une pensée juste, souvent exprimée par le personnel des instituteurs, dont plusieurs nous ont prêté leur concours très apprécié.

N° 3

COURS MOYEN

MORALE DES ENFANTS

OU

SECOND LIVRE DE LECTURE COURANTE

PAR

DES INSPECTEURS ET DES INSTITUTEURS

VINGTIÈME ÉDITION

CAEN | PARIS

CHÉNEL, LIBRAIRE-ÉDITEUR | DELAGRAVE ET Cᵉ, CO-ÉDITEURS
Rue Saint-Jean, 16 | Rue Soufflot, 15

COURS COMPLET DE LECTURE

(Recommandé.)

Prix fort.

1º *Méthode* en **14 Tableaux.** 1 25

2º **Syllabaire,** faisant suite aux Tableaux : les
mots sont divisés en syllabes . . . . . » 25

3º **Devoirs** *des jeunes enfants,* ou 1ᵉʳ livre de
lecture courante, contenant des historiettes
instructives et des notions utiles . . . » 50

4º **Morale** *des enfants,* ou 2ᵉ livre de *lecture courante,* contenant des récits moraux et des
lectures sur les connaissances usuelles. . » 80

5º **Choix de lectures** *des enfants,* recueil de
morceaux extraits de nos meilleurs écrivains. 1 25

6º **Manuscrits des enfants.**
Série de 5 cahiers in-8º, formant 160 pages et autant d'au-
tographes différents et gradués.

Nº 1. **Hygiène :** entretien de la santé, recettes
utiles et pratiques . . . . » 30

Nº 2. **Agriculture :** moyens propres à augmenter le produit d'une exploitation . . . » 30

Nº 3. **Horticulture :** règles à suivre pour rendre profitable la culture des jardins . . . » 30

Nº 4. **Personnages célèbres ;** galerie où figurent nos principales célébrités . . . . » 30

Nº 5. **Notions sur les lois :** connaissance de
nos droits et de nos devoirs. . . . . . » 30

AUTRES CLASSIQUES

Géographie universelle, particulièrement de la
FRANCE, par M. Lavinay, inspect. honoraire. » 60

Histoire de France, par le même.

»   »   Cours élémentaire . . . » 60

»   »   Cours moyen et supérieur. 1 30

Recueil de 5000 mots, par M. Tostain , . . » 30

Exercices d'orthographe, par le même . . » 60

Recueil de 750 problèmes, par le même. . » 30

Solutions de ces problèmes 1 50

N° 3

MORALE

DES ENFANTS

FICTIONS ET PREMIERS RÉCITS

1. — Le loup et le chien.

Un loup, je ne sais trop comment, eut un chien pour ami; ils firent route ensemble et causèrent assez franchement : car les loups même ont leurs moments de bonhomie.

Mais à tout moment la conversation s'arrêtait : au moindre bruit, quand une feuille tombait, quand l'ombre d'un oiseau venait à passer, le loup, tout effrayé, dressait l'oreille et se préparait au combat ou à la fuite.

« Quelle mortelle inquiétude vous agite? lui dit le chien; je ne vous vois pas un instant de repos!

« Marchons tranquillement et libres de soucis.

— Je ne puis, lui répondit le loup : j'ai tout le monde pour ennemi.

— Je le comprends; vous ne savez que faire le mal. »

Celui qui est coupable vit dans une continuelle inquiétude, car il sait qu'on le hait et qu'on l'observe.

2. — L'abeille et la guêpe.

Une guêpe fit un jour la rencontre d'une abeille.

« Combien, lui dit-elle, je suis heureuse de vous voir!

« Il y a longtemps que je cherchais cette occasion de me réconcilier avec vous.

« Je ne sais pourquoi nous vivons toujours en guerre, quand nous sommes nées pour nous aimer.

— Vous vous trompez, répondit l'abeille : il y a entre nous trop de différence pour que jamais nous puissions aller de compagnie.

— Vous m'étonnez, ma sœur; j'ai des ailes comme vous; je pique de même, et j'aime beaucoup le miel.

« Il est vrai que je ne travaille pas autant que vous; mais en cela vous feriez bien, je crois, de suivre mon exemple; car quel profit vous en revient-il?

« Vous vous exténuez [1], et ce sont les hommes qui jouissent du fruit de vos travaux.

— *En cela, je goûte au moins le plaisir d'être utile aux autres;* et c'est bien quelque chose.

— Croyez-moi, laissez votre rude métier, et venez avec moi goûter les fruits que l'homme a lui-même cultivés et recueillis.

— Je m'en garderai bien; que dirait-on de moi si on me voyait en votre compagnie?

« Ne savez-vous pas qu'*on méprise les paresseux et qu'on hait les méchants?* »

Et la guêpe, piquée de la leçon, disparut aussitôt.

---

[1] Vous épuisez vos forces.

3. — Le jeune oiseau.

Une fauvette avait placé son nid dans l'endroit le plus agréable d'un joli bois.

Elle avait un petit qu'elle aimait beaucoup : c'était une excellente mère.

Entendant chanter les autres oiseaux aux environs, le petit étourdi voulait sortir de son nid, disant que sa mère ne le retenait que pour le contrarier et le rendre malheureux.

Comme si une mère pouvait vouloir du mal à son enfant !

Il raisonnait sottement, ce petit oiseau.

« Tiens-toi toujours au fond du nid, lui disait sa mère, et ne cherche pas à en sortir.

« Tes ailes sont encore trop faibles, et la mort serait le fruit de ton imprudence. »

Un jour pourtant, à peine sa mère
s'était-elle éloignée pour lui chercher

de la nourriture, qu'il se dit en lui-
même :

« Enfin je vais être mon maître et

faire une bonne fois ma volonté ; je me sens la force et le courage d'aller loin.

« Je suis seul, partons. »

Il secoue ses ailes, se dresse sur ses petits pieds, et d'un bond il s'élance hors du nid.

Il tournoie[1], il déploie toutes ses forces, mais c'est en vain ; il tombe et meurt victime de sa désobéissance.

On reconnaît souvent trop tard qu'*il est toujours bon d'écouter les avis de sa mère et d'éviter la présomption.*

---

4. — La noix.

Deux enfants trouvèrent une noix sous un grand arbre.

« Elle est à moi, dit Pierre ; car c'est moi qui l'ai vue le premier.

— Elle m'appartient, reprit Jules ; car c'est moi qui l'ai ramassée. »

[1] Il tourne sur lui-même et n'est plus maître de ses mouvements.

Là-dessus s'engage entre eux une violente querelle. —

« Je veux vous mettre d'accord, » dit un homme qui passait justement par là.

S'étant placé entre les deux petits

garçons, il ouvrit la noix et leur dit :

« L'une des coquilles appartient à celui qui le premier a vu la noix; l'autre est pour celui qui l'a ramassée.

« Quant à l'amande, je la garde pour prix du jugement que je viens de porter.

« *Ceci*, ajouta-t-il en souriant, *est le dénouement ordinaire des procès : le profit n'est pas pour les plaideurs.* »

La paix est le premier de tous les biens; il est sage de la conserver.

---

5. — Les épis.

Un villageois alla un jour visiter son champ, pour voir si le blé était mûr.

Il était accompagné de son fils, le petit Tobie.

« Regardez, père, lui dit l'enfant sans expérience, comme quelques-unes des tiges tiennent leur tête haute et droite. Ce sont sans doute les meilleures?

« Ces autres, courbées presque jusqu'à terre, sont assurément bien loin de les valoir. »

Le père cueillit quelques épis et dit :

« Vois, mon enfant : cet épi qui

dressait si fièrement la tête est complètement vide.

« Au contraire, celui-ci qui s'inclinait, vers la terre est rempli des plus beaux grains:

« *De même, mon fils, le mérite est modeste et l'orgueil hautain.*

« *Souvent les apparences sont trompeuses : ne jugeons pas sans réflexion.* »

---

6. — La source.

Le petit Constant marchait au milieu des champs, un jour d'été qu'il faisait extrêmement chaud.

Ses joues étaient brûlantes, et le pauvre enfant mourait de soif.

Tout haletant [1], il arrive près d'une source dont l'onde argentée [2] jaillissait d'un rocher, à l'ombre d'un grand chêne.

Constant se précipite aussitôt vers cette eau, froide comme la glace, en boit et se sent frissonner.

Il rentra malade chez ses parents et fut saisi d'une fièvre violente.

[1] Respirant péniblement et avec fréquence. — [2] Eau pure, claire et brillante, comme l'argent.

« Ah! disait-il en soupirant sur son lit de douleur, qui aurait cru, à voir cette source, qu'elle contînt un poison si pernicieux! »

Son père l'entendit et lui dit ; « Ce n'est pas la source, dont l'eau est si pure, qui est la cause de ta maladie : c'est ton imprudence. »

Enfants, soyez prudents et écoutez les avis des personnes âgées; il en coûte souvent fort cher pour satisfaire son envie.

7. — Leçon d'un père.

Un père vertueux voulut un jour instruire ses enfants sur la manière de corriger nos défauts.

Ils étaient sur la lisière d'un bois planté depuis peu d'années.

Le père ordonne à l'un d'eux d'arracher un petit arbre qu'il lui désigne.

L'enfant l'arrache aussitôt, d'une seule main et sans beaucoup de peine.

Il lui en indique un autre, un peu plus grand, que l'enfant arrache aussi, mais avec un peu plus d'efforts et en y mettant les deux mains.

Pour en arracher un troisième, il lui fallut l'aide d'un de ses frères, encore le firent-ils tous deux avec assez de difficulté.

Enfin le bon père leur en montra un qui était beaucoup plus gros.

Les trois jeunes enfants se mirent à l'œuvre de concert[1] ; mais ils ne purent venir à bout de l'arracher.

Alors le père, prenant de là occasion de les instruire :

« Voilà, mes enfants, leur dit-il, comme il en est de nos inclinations mauvaises.

« Au commencement, quand elles ne sont pas encore enracinées, il est facile de les vaincre, pour peu qu'on soit attentif à les combattre.

« Mais lorsque, par une longue habitude, elles ont jeté de profondes racines, il est bien difficile de s'en rendre maître.

« *Travaillez donc de bonne heure à combattre vos penchants mauvais :*

[1] Tous ensemble, en réunissant leurs efforts.

dans la suite, ils vous occasionneraient de rudes combats [1] ».

---

8. — Sain de corps, sain d'esprit.

Rien d'avantageux comme d'avoir un corps vigoureux, un esprit lucide et droit.

Les exercices du corps, le saut, la marche, la course, les divers exercices d'une gymnastique bien réglée sont les moyens naturels pour y parvenir.

Ce genre de récréation qui vous plaît équilibre et développe vos forces.

L'adresse qu'on y prend, les attitudes variées auxquelles il oblige font fleurir la santé et rompent à la fatigue.

Plus de vigueur pour le corps, n'est-ce pas en même temps plus d'é-

[1] Vous seriez dominés par la force de l'habitude.

nergie dans la volonté, de puissance dans les facultés de l'esprit. L'étude devient plus facile, le travail pèse moins.

Capables de courage et de dévouement, vous serez déjà préparés pour le rôle qui attend tout Français; vous pratiquerez la vie telle qu'on la doit comprendre.

Être utile, faire son devoir, tout son devoir, telle est la véritable raison de notre existence.

---

8 bis. — La charité.

Je suis *la charité*, l'amie
Qui se réveille avant le jour,
Quand la *nature* est *rendormie*,
Et que Dieu m'a dit : A ton tour!

J'accours, car *la saison est dure.*
J'accours, car *l'indigent a froid.*

J'accours, car la *tiède verdure*
Ne fait plus d'ombre sur le toit.

Je prie et jamais je n'ordonne.
Chère à tout homme, quel qu'il soit,
Je laisse la joie à qui donne,
Et je l'apporte à qui reçoit.

(Victor Hugo.)

---

9. — Utilité des oiseaux (V. nᵒ 72).

Qui ne sait les services que nous rendent les oiseaux?

Une *hirondelle* n'a pas assez de mille mouches par jour pour sa couvée.

Un couple de *moineaux* porte à ses petits plus de quatre mille chenilles, hannetons et autres insectes par semaine.

Une *mésange* en charrie aux siens au moins trois cents par jour.

L'*étourneau*, le *bouvreuil*, la *ber-geronnette* ou hoche-queue détruisent les mouches, les taons et autres insectes qui tourmentent le bétail.

Les *martinets* font la chasse aux hannetons et aux papillons du soir; les *corbeaux,* aux mans ou vers blancs.

Le *chathuant,* la *chouette* font carnage de souris, mulots et rats.

Le *bruant* ou verdier nous débarrasse des fourmis et des guêpes, si incommodes, si avides de nos fruits.

Les *fauvettes*, les *pinsons*, les *mésanges* purgent les arbrisseaux de nos jardins des chenilles et des pucerons qui les dévorent.

Les *merles*, les *roitelets* mangent, en hiver, les œufs ou larves des insectes.

Le *chardonneret* se nourrit de la graine envahissante du chardon.

Paix et protection aux petits oiseaux! ce sont de précieux auxiliaires (*suite au* n° 69).

---

10. — Institutions en faveur de l'enfance.

Il y a bien des malheureux, mais les secours sont proportionnés aux besoins de l'humanité.

Dans les *crèches*, on reçoit les tout petits enfants, que les mères, occupées au dehors, apportent le matin, qu'elles reprennent le soir.

Toute la journée, des personnes vouées par état au service des pauvres veillent sur ces frêles [1] créatures et leur servent de mères.

Dès l'âge de deux ans, l'enfant de l'ouvrier est admis à *l'école mater-nelle*. Là on commence à s'occuper de son instruction.

Les plus pauvres et les plus délais-sés entrent à *l'orphelinat* [2], cette mai-son bénie où l'on recueille les pauvres enfants qui ont perdu leur père, leur mère, quelquefois l'un et l'autre.

A partir de six ans, tous suivront *l'école*, dans la société d'enfants plus favorisés de la fortune; il n'y aura aucune distinction entre eux, et ils for-meront comme une seule et même fa-mille.

Là ils s'instruiront, pour devenir

---

[1] Faibles et délicates. — [2] Maison de bienfaisance où l'on recueille les orphelins.

d'honnêtes jeunes gens, d'honnêtes jeunes filles.

Puis viendra le temps de l'*apprentissage;* car il faut bien que chacun travaille et gagne le pain de chaque jour.

Durant les longues soirées d'hiver, on suivra les *cours d'adultes,* pour compléter son instruction et pour échapper aux dangers de l'oisiveté.

Aux champs, à l'atelier, à l'usine, le jeune ouvrier, la jeune ouvrière seront ponctuels et actifs; chacun épargnera sur son salaire et se fera un petit pécule, pour devenir à son tour contremaître, chef d'exploitation, maîtresse d'atelier.

C'est un idéal très permis, que doit rêver et que peut réaliser quiconque est énergique, prévoyant et laborieux.

Travail et économie font merveille.

11. — Le miel.

Les abeilles voltigent dans l'air; les voici qui vont, viennent et se croisent en tous sens. Pourquoi tant d'activité?

Ah! c'est que la saison du travail est ouverte; il faut amasser pour l'hiver, qui reviendra avec ses rigueurs.

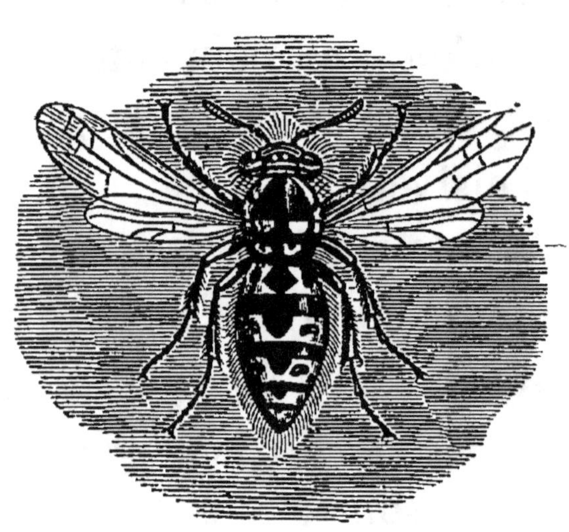

Les abeilles se posent sur les fleurs, en pompent le suc et retournent à la ruche.

Là elles rejettent une partie de leur butin, qui, *dans leur estomac, s'est changé en miel.*

Elles en font provision d'abord pour

les petits encore au nid, puis pour les abeilles occupées à l'intérieur de la ruche, et enfin pour la famille entière, pendant la saison rigoureuse.

Car, au retour des frimas, il n'y aura plus de fleurs à sucer pour l'abeille active, plus de butin[1] à faire.

Mais la prévoyance a pourvu à tout : les greniers sont remplis, les provisions sont faites.

Il y en a même beaucoup plus qu'il n'en faut, et c'est cet excès que l'homme dérobe[2] aux abeilles.

C'est le doux miel; ce miel si parfumé est pour nous un aliment agréable, un remède-efficace.

Laborieuse abeille, ouvrière infatigable, tu nous instruis, en même temps que tu nous enrichis du fruit de ton travail.

---

[1] Provision, aliment à recueillir. — [2] Prend aux abeilles qui l'ont amassé.

12. — Image de la vie.

« Où va le volume d'eau
Que roule ainsi ce ruisseau?
Dit un enfant à sa mère.
Sur cette rive si chère,
D'où nous le voyons partir,
Le verrons-nous revenir?

— Non, mon fils, loin de sa source,
Ce ruisseau fuit pour toujours;
Et cette onde dans sa course,
Est l'image de nos jours. »

(Mme TASTU.)

13. — L'enfant et l'oiseau.

L'ENFANT

Petit oiseau, viens avec moi;
Vois la cage si bien posée,
Les fruits que j'ai cueillis pour toi,
Les fleurs humides de rosée.

L'OISEAU

Petit enfant, je vis heureux;
Rester libre est ma seule envie.
Mon humble nid me plaît bien mieux
Que la cage la plus jolie.

L'ENFANT

Petit oiseau, le doux printemps
Ne dure pas toute l'année;
Que feras-tu lorsque les vents
Auront dépouillé la ramée?

L'OISEAU

Vers le midi, je chercherai
Plus beau climat, plus sûr feuillage.
Puis, au printemps, je reviendrai
T'amuser de mon doux ramage.

(DEVOILE.)

---

14. — La petite paresseuse.

*La paresse est un grand défaut;
on doit absolument s'en corriger.*

Julie avait huit ans au plus.
C'était une aimable petite fille, et

elle l'eût été bien plus encore avec moins de paresse.

Le matin, elle ne pouvait quitter son lit.

On l'appelait à plusieurs reprises; elle répondait chaque fois, à la vérité, mais ne bougeait pas.

Elle se trouvait si bien!

C'était mal pourtant, *car après le sommeil, le travail.*

Enfin Julie descendait de sa chambre, un peu honteuse de sa paresse.

Elle se hâtait alors, mais en vain :
Le temps perdu ne se rattrape pas.

Ses devoirs étaient mal faits, ses leçons mal sues.

Toute bouleversée, elle arrivait en classe juste au moment où ses petites compagnes entraient.

On dit même qu'elle se trouva plusieurs fois en retard, ce qui n'arrive qu'aux mauvais élèves.

Sa mère, reconnaissant l'inutilité de ses avertissements et de ses conseils, résolut d'employer un autre moyen pour vaincre cette négligence...

Il était six heures. Le temps était magnifique; le soleil jouait dans les rideaux de la petite paresseuse.

Sa mère l'appelle.

« Tout de suite, je descends, » répond Julie.

Cependant sept heures sonnaient au clocher voisin, que l'enfant n'avait pas encore quitté le lit.

En ce moment, sa mère entre et dépose sur un meuble le déjeuner de la petite paresseuse; puis elle sort et ferme la porte à clef.

A midi, son dîner lui fut porté fidèlement, et le soir, Julie reçut son souper avec la même exactitude.

« Quelle triste journée! se disait

Julie; que je m'ennuie!... Oh! je n'y serai plus prise. »

Le lendemain, elle était levée à six heures. Elle continua ainsi tous les jours.

Et ses devoirs furent bien faits, ses leçons bien sues.

Ses parents et ses maîtres furent contents d'elle : le temps passait bien vite alors.

Elle se trouvait heureuse et reconnaissait, par expérience, que *le contentement de soi-même vient du bon emploi que l'on fait de son temps.*

---

15. — L'enfant qui a bon caractère.

Pourquoi Raymond est-il si tendrement aimé de tout le monde?

Son extérieur n'a rien de remarquable. Il a une mine éveillée et ouverte[1], à la vérité; mais sans cela on pourrait dire qu'il est laid.

[1] Naïve et franche.

C'est que Raymond a un bon caractère et un excellent cœur, ce qui est
bien préférable à
toutes les qualités
du corps.

Voyez-le dans
ses jeux : ses ca-
marades l'entou-
rent; ils parais-
sent heureux en
sa compagnie; et
je le crois bien, il
est leur ami!

Jamais de dis-
pute avec lui; il
est loyal, com-
plaisant, ami de la
paix. Les plus opi-
niâtres[1] mêmes s'en rapportent à lui.

S'ils lui demandent quelque petit
service, c'est avec une véritable joie

[1] Entêtés, obstinés.

qu'il se prête à leur désir. Il est heureux quand il peut se rendre utile.

Raymond est enjoué et de la meilleure humeur. Il faut le voir pendant les récréations!

Mais en classe il est tout entier à son travail, dont rien ne peut le distraire : c'est un élève modèle, son maître le chérit.

Ce qui achève de lui mériter tous les suffrages, c'est sa politesse : *on aime tant l'enfant qui est poli!*

Il salue avec une grâce charmante ses supérieurs et les personnes qu'il rencontre.

Tout le monde connaît, tout le monde aime Raymond.

Ses parents n'ont jamais de reproches à lui adresser.

Raymond deviendra un homme de bien; il aura l'estime de tous ceux qui le connaîtront.

16. — La petite Lucie.

« Que je voudrais bien le sansonnet de la mère Geneviève! Il est si mignon et cause si bien ! »

C'est ainsi que parlait Lucie, jeune enfant de huit ans, qui allait souvent visiter sa vieille voisine.

Elle l'aimait beaucoup et lui rendait mille petits services ; car elle était bien âgée et bien bonne, la mère Geneviève.

Sitôt que Lucie entrait dans la maison, elle disait : « Sansonnet, où es-tu? » Et l'oiseau docile répondait : « Me voilà ! »

Et il venait aussitôt se percher sur son doigt; ce qui plaisait beaucoup à l'enfant.

Elle aurait bien voulu le petit oiseau; la bonne vieille [1], de son côté, y tenait beaucoup; c'était presque sa seule compagnie.

Il vint à Lucie une pensée qui la fit rougir d'abord, et qu'elle rejeta promptement.

« Non, non, dit-elle, je commettrais une vilaine action.

« *On ne peut s'approprier* [2] *ce qui appartient aux autres.* Et puis j'affligerais la bonne mère Geneviève. »

Cependant, plusieurs jours de suite, la même pensée revint à l'esprit de l'enfant, qui fut de moins en moins empressée de la rejeter.

Ce fut son premier tort. On ne doit point s'arrêter à ce qui est mal; et *celui qui pense à mal faire est bien près d'être coupable.*

---

[1] Se dit d'une femme très âgée. — [2] Prendre, mettre en sa possession.

17.

Un jour, selon son habitude, Lucie va chez sa voisine, qu'elle trouve absente.

L'idée de prendre le petit oiseau se présente plus forte que jamais : l'occasion était favorable. —

L'oiseau vient à elle. Lucie regarde si personne ne la voit ; puis, d'une main tremblante, elle prend le sansonnet et le cache dans une petite corbeille qu'elle portait souvent.

Voici maintenant qu'elle est agitée. Son cœur bat bien fort ; il lui semble que tout lui reproche sa faute.

Car tout est tourment pour le cœur coupable.

La bonne vieille venait de rentrer.

Lucie baissait les yeux et n'osait aller l'embrasser comme les autres jours.

— Cependant, croyant faire plaisir à

l'enfant, la mère Geneviève dit d'une voix cassée : « Sansonnet, où es-tu ?

— Me voilà, » répond aussitôt l'oiseau caché dans la corbeille.

Lucie n'y tient plus ; elle se jette aux pieds de la vieille, avoue sa faute et demande pardon en sanglotant.

« Je te pardonne, Lucie ; mais *souviens-toi qu'on ne peut longtemps cacher sa faute, que suit le remords*[1]. »

La pauvre enfant pleura beaucoup : elle se repentait amèrement.

Aussi promit-elle bien d'être plus sage à l'avenir.

On dit que toute sa vie elle conserva le souvenir de cette journée. Si quelqu'une de ses compagnes convoitait un objet qui ne fût pas à elle :

« Ne le prends pas, lui disait Lucie : les oiseaux même le diraient. »

[1] Reproche d'une conscience coupable.

18. — Patriotisme.

Paris était investi par les Prussiens : un régiment occupait Bougival, tout près de la grande ville. Les ennemis s'empressèrent de relier ce village par un fil télégraphique à Versailles, qu'occupait l'état-major [1] allemand.

Dès le lendemain, le fil était coupé. Rétabli, il est coupé de nouveau. Il en fut ainsi à cinq reprises différentes.

Des soupçons planèrent sur un jardinier de l'endroit; il fut appelé devant une commission militaire [2].

« Votre nom? demanda le président.

— François Debergue.

— C'est vous qui avez rompu notre fil télégraphique ?

— Oui, c'est moi. — Pourquoi?

— Parce que vous êtes nos enne-

[1] Corps d'officiers qui entourent un chef d'armée. — [2] Conseil d'officiers chargés de juger militairement.

mis et que vous affligez la France.

— Recommenceriez-vous si on vous mettait en liberté ?

— Oui. — Et la raison ?

— Parce que je suis Français et que vous êtes nos envahisseurs [1]. »

Il fut condamné à mort. Les habitants offrirent 10,000 francs aux cupides [2] Allemands pour sa rançon [3]; mais Debergue refusa.

« Je ne veux pas, dit-il, avoir la vie sauve pour de l'argent; d'ailleurs, je recommencerais dès demain, et en cela je ne ferais que mon devoir : *nous nous devons tous à la défense de la patrie.* »

Il fut conduit au pied d'un arbre. L'officier qui commandait le peloton d'exécution demanda un mouchoir pour bander les yeux de l'héroïque Debergue.

[1] Soldats qui se répandent dans un pays et le ravagent. — [2] Avides de richesses. — [3] Somme versée pour se racheter.

« Tenez, prenez le mien, » dit-il.

Un instant après, il tombait sous les balles des farouches [1] Allemands.

Aujourd'hui un monument s'élève sur la tombe du brave Debergue.

---

19. — Le chevalier d'Assas.

Sous le règne de Louis XV, pendant la guerre de Sept ans, la France luttait péniblement contre le grand Frédéric, roi de Prusse.

Le maréchal marquis de Castries avait jeté des secours dans Wesel, ville prussienne ; il alla camper près de l'abbaye de Closter-Camp, se préparant pour une action décisive.

Il se trouvait à peu de distance de l'armée ennemie, commandée par le prince de Brunswick ; et comme il soupçonnait l'ennemi de se porter à sa

[1] Cruels et d'une méchanceté sauvage.

rencontre, il fit coucher ses soldats sous les armes, afin d'éviter une surprise. Ses prévisions se réalisèrent.

Pendant la nuit, d'Assas, capitaine au régiment d'Auvergne, est envoyé à la découverte.

Il s'éloigne un peu de ses hommes pour mieux observer. Mais à peine a-t-il fait quelques pas que des grenadiers hanovriens, placés en embuscade, l'environnent et le saisissent. Ils dirigent vers lui leurs baïonnettes et le menacent de mort s'il profère un seul mot.

D'Assas se recueille, et, renforçant sa voix : « A moi, Auvergne, s'écrie-t-il ; voilà les ennemis ! » Et il tombe aussitôt percé de coups. L'armée était sauvée.

Honneur à qui se dévoue pour son pays.   VOLTAIRE.

19 bis. — La neige.

La neige dans la plaine
Étend son blanc manteau.
Pour le blé, c'est la laine,
Mais la mort pour l'oiseau.
La neige tourbillonne,
Le vent siffle et mugit.

Le pauvre oiseau frissonne
Et l'orphelin gémit.

Le pain que l'on dédaigne,
D'autres le voudraient bien.

Sans que l'on vous contraigne,
Enfants, faites le bien.

Pour vous que l'on protège,
Rien n'interrompt vos jeux.
Enfants, voici la neige,
Pensez aux malheureux.

(Mme COQUELET-MORTIER.)

---

20. — Bernard-Palissy.

L'an 1500 naquit de parents pauvres, aux environs d'Agen, Bernard Palissy, qui dut travailler de bonne heure et se fit d'abord vitrier.

Il parcourut la France, observa et étudia beaucoup, s'inspirant surtout des beautés de la nature.

Il rêvait de trouver la composition

de l'émail, et il mit dans ses recher-

ches une opiniâtreté que rien ne put
décourager ni vaincre.

Il mélangeait et pilait ensemble les substances qui devaient réaliser ses espérances, toujours déçues.

Tantôt le four était trop chaud, et la composition était détruite; tantôt il l'était trop peu, et rien ne fondait.

Sans se rebuter, il se remettait au travail et faisait de nouvelles recherches.

Durant seize années, il poursuivit son rêve, travaillant par intervalles pour nourrir sa famille, qui ne fut pas toujours à l'abri du besoin.

Les reproches, les railleries ne purent le détourner de son dessein.

Un jour enfin le four, allumé dès l'aurore, avait consumé le reste du combustible. Bernard y jette les palissades qui entouraient son jardin, puis il y engloutit successivement ses meubles, les portes et les fenêtres de son habitation, malgré les supplications désespérées de sa femme.

Il s'agite, cherche encore, mais inutilement; puis il observe, haletant, anxieux...

Cette fois, l'émail se liquéfie, s'étend et recouvre les vases de terre d'une brillante couche de vernis.

Il avait enfin trouvé! Sa constance avait triomphé de toutes les difficultés.

---

21. — Le nid de mésanges.

A un mètre et demi de terre, je vis, collé contre le tronc d'un vieux saule, un renflement ayant à peu près la forme d'une pomme de pin.

Les parois extérieures étaient garnies d'un lichen [1] argenté et moussu, recueilli sur *l'arbre même* et ajusté avec un art si merveilleux, qu'on aurait pu passer cent fois devant l'arbre

[1] Sorte de mousse qui croît sur le bois ou sur la pierre.

sans croire à autre chose qu'à une rugosité [1] de l'écorce.

Je m'approchai avec précaution. Par une petite ouverture ménagée dans l'édifice, à peu de distance du sommet, j'aperçus vingt petits œufs rangés avec la plus parfaite symétrie dans ce petit réduit, à peu près grand comme le creux de la main.

C'était un nid de mésanges que j'avais sous les yeux, un nid de ces petites mésanges à longue queue, si jolies, si gracieuses, et qui ne sont guère plus grosses qu'un roitelet.

Quand on songe à toute la peine que ces pauvres petits oiseaux ont dû prendre pour construire un pareil *édifice* [2], sans autre instrument que leur bec et leurs pattes ; quand on pense à l'activité incessante [3] qu'il leur faut dé-

[1] Aspérité qui semble faire partie de l'écorce. — [2] Construction savante. — [3] Continuelle.

ployer pour nourrir une si nombreuse famille, on est partagé entre l'admiration et l'attendrissement.

Et dire qu'il y a des gens, des enfants, assez méchants, assez stupides[1], pour oser porter la main sur un pareil chef-d'œuvre, assez cruels pour porter la désolation dans une si charmante famille !

(Mme DE TRACY.)

Ce nid, ce doux mystère,
Que vous guettez d'en bas,
C'est l'espoir du printemps, c'est l'a-
[mour d'une mère ;
Enfants, n'y touchez pas !

(GUÉRIN DE LITTEAU.)

---

22. — Le chocolat. — Le riz.

Le *chocolat* est formé de deux substances : le *sucre* et le *cacao*.

Le cacao, fruit d'un arbre du Mexique, est torréfié[2] de la même façon

[1] Dépourvus de sens. — [2] Brûlé.

que le café; puis il est broyé, mélangé
et pétri avec un égal poids de sucre.

On aromatise avec de la cannelle ou
de la vanille.

La pâte ainsi obtenue se moule en tablettes, que l'on vend dans le commerce.

Le chocolat est nourrissant; c'est un aliment agréable et réparateur.

Le *riz* a quelque ressemblance avec le blé pour la forme et le volume, mais il en diffère essentiellement par la couleur: ses grains sont blancs et vitreux [1].

On le cultive surtout en Égypte, dans la Chine et l'Inde, où il forme la base de l'alimentation.

La plante qui le produit pousse dans les marécages ou *rizières*. On sait, en effet, que le riz demande beaucoup de chaleur et d'humidité.

Ces marécages sont malsains. Les moissonneurs qui font la récolte du riz travaillent sur un sol fangeux, où ils contractent souvent la fièvre.

---

23. — La feuille.

« Pauvre feuille desséchée,
De ta tige détachée,

[1] Transparent comme le verre.

Où vas-tu? — Je n'en sais rien.
L'orage a brisé le chêne
Qui seul était mon soutien.
De son inconstante haleine

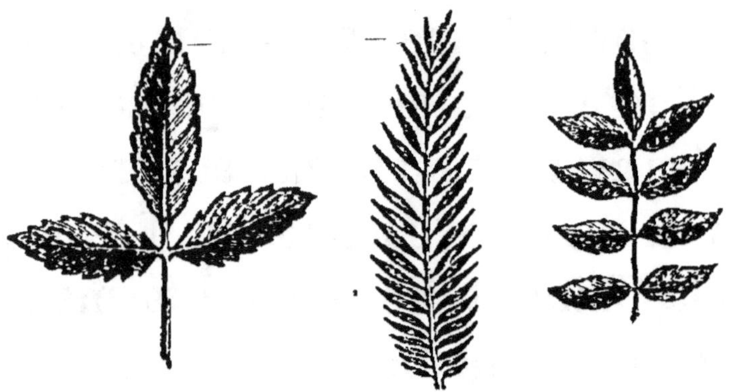

Le zéphir ou l'aquilon,
Depuis ce jour, me promène
De la montagne à la plaine
Et de la plaine au vallon.
Je vais où va toute chose,
Sans me plaindre ou m'effrayer,
Où va la feuille de rose
Et la feuille de laurier.   (ARNAULT.)

24. — Le souhait.

Constance était une aimable enfant,
dont chacun louait les qualités.

Un jour sa mère lui dit : « Demande-moi ce qu'il te plaira, et je te l'accorderai volontiers.

« Tu as bien travaillé toute la semaine, tu t'es conduite à ravir ; je suis contente de toi et tiens à te prouver ma satisfaction. »

Constance réfléchit un instant ; puis tout à coup elle dit, avec une vivacité qui montrait toute sa joie :

« Mère, puisque vous voulez me faire plaisir, donnez du pain et des habits à notre pauvre voisine, que j'ai vue pleurer ce matin.

« Ses enfants ont faim, elle-même est à peine vêtue, malgré le froid si grand. On doit tant souffrir du froid et de la faim ! »

La mère embrassa tendrement sa fille et bénit le Ciel de lui avoir donné une enfant qui avait si bon cœur.

Enfants, soyez charitables : donner aux pauvres, c'est donner à Dieu

25. — Augustin Fresnel. —

Né dans le département de l'Eure, Augustin Fresnel fut élevé aux environs de Caen, à Mathieu, et se montra studieux dès son enfance.

A seize ans, il entra à l'École polytechnique; il en sortit trois ans après pour entrer, comme ingénieur, dans l'administration des ponts et chaussées.

Son goût pour les recherches scientifiques le dirigea vers des études spéciales sur la lumière et le pouvoir réflecteur des lentilles de cristal[1].

Il fit d'heureuses découvertes et inventa les phares puissants qui éclairent nos côtes, et servent de direction aux navires durant la nuit.

Combien de matelots a-t-il par là sauvés du naufrage! Combien de fa-

[1] Verre fin et très pur.

milles lui doivent de n'être pas plongées dans le deuil et la misère !

A ce titre, Fresnel mérite d'être considéré comme un bienfaiteur de l'humanité. Il faut se rappeler son nom, mes enfants.

26. — La pièce d'or.

Jamais André n'avait été plus content : sa mère venait de lui donner huit sous, le laissant libre d'en faire l'usage qu'il voudrait.

Il sort et se promène le long des boutiques, tâchant de fixer son choix sur l'objet qu'il s'agit d'acheter.

A deux pas de lui, il voit quelque chose briller à ses yeux : c'est une pièce de 10 francs, dont il connaît bien la valeur, et qu'il met aussitôt dans sa poche.

La rue est à peu près déserte; personne ne l'a vu ramasser la pièce d'or.

« Pour le coup, se dit-il, je puis acheter tout ce que je voudrai : choisissons grandement. »

Et rien ne lui paraissait plus assez beau.

« Cependant, pensa-t-il en lui-même, cette pièce a pu être perdue par quelque malheureux qui en a grand besoin, ou peut-être un riche bienfaisant la destinait-il à quelque pauvre famille.

« Dans tous les cas, elle n'est pas à moi : je ne puis donc la garder.

« Je ne puis pas non plus la proposer à tout venant, dans la crainte de rencontrer une personne indélicate.

« Le mieux, je crois, est de remettre cet argent à l'autorité, qui parviendra sans doute à en découvrir le légitime possesseur.

« Allons ! je ne veux pas perdre de

temps, car je commence à sentir tout le poids d'une chose qui n'est pas à moi. »

Et, dans ce dessein, il revient sur ses pas, obéissant ainsi à la voix de sa conscience qui lui criait :

Un objet trouvé ne t'appartient pas; tu ne peux te l'approprier.

27.

Il avait à peine fait cent pas; il voit venir à sa rencontre un homme, un ouvrier sans doute.

Il était triste et abattu; il marchait lentement et avait les regards fixés vers la terre.

Cet homme cherchait certainement un objet dont la perte l'affectait[1] beaucoup.

André s'arrête et interroge poliment l'inconnu.

[1] Le préoccupait, l'affligeait.

« Mon enfant, répond celui-ci, je suis un pauvre ouvrier.

« J'avais reçu dix francs pour mon salaire de toute la semaine, et j'allais tout joyeux les porter à ma femme et à mes enfants : c'était leur pain.

« Et voilà que, arrivé à la maison, je me suis aperçu que je n'avais plus mes dix francs.

« Je les cherche et ne les retrouve point. »

Et des larmes brillaient dans ses yeux.

André se sentit touché.

« Tenez, dit-il, voici la pièce que vous cherchez.

« Je viens de la trouver, je vous la remets; vous n'êtes pas plus heureux que moi en ce moment.

« Acceptez aussi, pour vos petits enfants, les huit sous que m'a donnés ma mère et que j'allais dépenser inutilement.

« Ils m'eussent procuré un plaisir bien moins doux. »

Et souvent, lorsque André fut devenu homme, il disait que cette journée était une des plus belles de sa vie.

C'est qu'un cœur honnête et généreux se trouve agréablement ému après un acte de probité ou de bienfaisance.

---

28. — Longue famille, famille bénie.

Loin de nous la pensée de nier l'intervention de la Providence dans les choses d'ici-bas.

Car, si elle prend soin du monde, qui est son œuvre, avec quelle sollicitude[1] ne doit-elle pas considérer la famille nombreuse, unie, fidèlement attachée au devoir !

[1] Soin attentif et affectueux.

Mais, dans l'ordre purement naturel de la société humaine, la prospérité des familles nombreuses ne s'explique-t-elle pas aisément?

Le père et la mère travaillent sans relâche. La seule pensée de leurs petits enfants soutient leur courage, double leur activité.

Ils ne perdent pas un jour, pas une heure. Chez eux, point de dépenses inutiles; bien plutôt connaîtraient-ils les privations.

Aux parents se joindront dans peu les aînés, puis les plus jeunes; et vous aurez l'exemple d'une maison forte, où tout le monde épargne et travaille avec une égale ardeur.

Contents, heureux et robustes, tous les membres de cette famille bénie apportent leur tribut au fonds commun[1].

L'épargne grossit chaque année,

[1] Leur part de gain aux économies de la famille.

pour devenir capital; et on verra l'ouvrier agrandir son atelier, l'artisan
étendre sa clientèle.

Le fermier achètera le champ qu'il
cultive, la maison qu'il habite, témoins l'un et l'autre de ses labeurs,
de ses soucis et de ses joies modestes.

Formés à l'école du travail, de l'é-
conomie, des bonnes mœurs, de l'u-
nion féconde, du respect affectueux,
les enfants transporteront leurs vertus
dans la nouvelle famille qu'ils fonde-
ront à leur tour.

Et tous ceux qui les auront connus
pourront proclamer, comme on l'a fait
de tout temps, cette vérité populaire [1] :
Longue famille, heureuse famille.

---

29. — Les champs.

L'air des champs donne avec largesse
Comme un autre lait maternel,

[1] Que tout le monde connaît.

Il fait croître en force, en sagesse,
L'enfant placé là par le Ciel.
C'est la voix du monde champêtre,
L'éclat des prés verts, du lac bleu,

Qui vous feront le mieux connaître
Et chérir la bonté de Dieu.
Aimez donc les bois, la fontaine,
L'étang bordé de longs roseaux,
Les petites fleurs, le grand chêne
Tout peuplé de joyeux oiseaux[1].

(V. DE LAPRADE.)—

[1] La signification des derniers vers est qu'il faut
aimer son pays natal et y rester.

30. — Les dents.

Les dents, qui servent à broyer les aliments solides, sont formées de deux parties, de l'ivoire, puis de l'émail, substance très blanche et très dure, qui recouvre la couronne et empêche les dents de s'user.

Toutes les dents n'ont pas la même forme, pas plus qu'elles n'ont la même fonction.

Celles de devant se nomment *incisives*, parce qu'elles sont tranchantes; leur couronne est-mince et large, en forme de ciseau. Chaque mâchoire en a quatre.

De chaque côté des incisives se trouve une *canine*, qui est pointue et propre à déchirer.

Les *molaires* se trouvent en arrière. On les appelle ainsi parce qu'elles servent, comme le feraient des meules, à broyer les aliments, à les diviser en menues parties.

Chacune des deux mâchoires porte dix molaires, cinq de chaque côté.

L'homme adulte a donc seize dents à chaque mâchoire : quatre incisives, deux canines et dix molaires, soit trente-deux au total.

Les premières dents, ou dents de lait, tombent vers l'âge de sept ans; celles qui leur succèdent doivent durer autant que l'individu, à moins de chute ou d'extraction.

---

31. — Respect dû à la vieillesse.

Dans un jardin public, je vis un vieillard assis sur un banc.

Il tenait à sa main un livre qu'il laissa tomber.

Un beau petit garçon qui jouait en

cet endroit s'avance alors, ramasse le livre et le remet au vieillard, qu'il ne connaissait cependant pas.

Un instant après, l'inconnu perdit sa canne; le petit garçon la releva aussi vivement.

Ensuite ce fut un gant que, cette fois, le vieillard fit tomber à dessein, afin d'éprouver jusqu'au bout la complaisance de l'enfant.

Elle ne se démentit point, car le gant ne fut pas ramassé et remis avec moins d'empressement.

Pour le coup, le vieillard n'y tient plus : « Vous êtes, dit-il, un aimable et bon petit enfant.

« Comment se fait-il que, sans me connaître, vous ayez pour moi des attentions si gracieuses ?

— Ah ! répondit l'enfant, c'est que je pense bien que vous êtes grand-père, et que j'aime beaucoup mon grand-père, qui est aussi très âgé. »

Il y a dans le respect pour la vieillesse quelque chose qui tient de la piété filiale[1].

Un vieillard a droit au respect et aux égards : vénérons-le.

---

32. — L'œil.

De tous les organes, l'œil est, sans contredit, le plus délicat[2]. Le plus léger grain de poussière qui y entre nous cause une vive douleur. Aussi le globe de l'œil est-il soigneusement protégé.

D'abord il est logé dans une cavité qu'on appelle *orbite,* et environné d'os très durs, pour qu'il ne puisse être facilement blessé. Les sourcils, placés en arc de cercle au-dessus des yeux, empêchent la sueur du front de s'y introduire.

Les paupières, ces membranes[3] si

[1] Affection d'un fils pour son père, pour sa mère. — [2] Facile à blesser. — [3] Tissu très mince.

flexibles, le recouvrent au moindre danger; pendant le sommeil, elles se ferment entièrement pour mieux assurer notre repos.

Les cils, ces poils rigides [1] qui ornent les paupières, arrêtent les corps qui pourraient nous causer de la douleur.

Nous ne pouvons voir toutes les parties de l'œil,

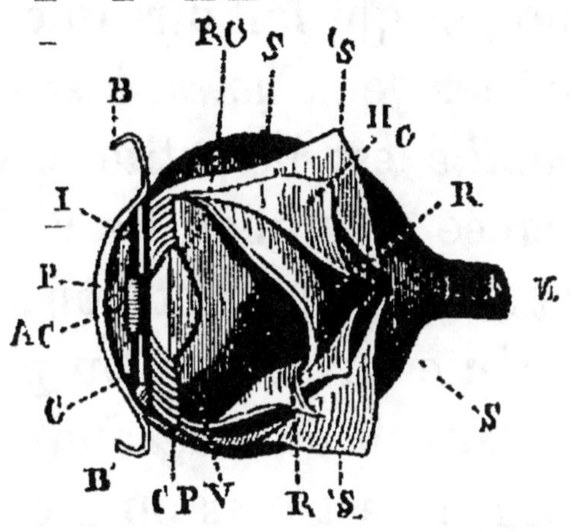

Œil humain. — Cette figure représente l'intérieur de l'œil. — s Sclérotique. — s' Portion de la sclérotique renversée en dehors pour montrer les membranes situées dessous. — RC Choroïde. — R Rétine. — c Cornée transparente. — AC Chambre antérieure de l'œil placée entre la cornée et l'iris, et remplie par l'humeur aqueuse. — I Iris. — P Pupille. — CP Procès ciliaires. — RC Cristallin placé derrière la pupille. — V Humeur vitrée. — BB Portion de la conjonctive, qui, après avoir recouvert la partie antérieure de l'œil, s'en détache pour tapisser les paupières. — N Nerf optique.

parce qu'il y en a qui sont internes [2]. Les parties externes, c'est-à-dire celles qui sont à l'extérieur et que l'on peut

[1] Raides, qui fléchissent difficilement. — [2] Intérieures.

voir, sont la *cornée* ou blanc de l'œil, l'*iris* et la *prunelle* ou pupille.

L'iris est ce cercle diversement coloré, et qui fait dire que les personnes ont les yeux *noirs, bleus, gris,* etc. La *pupille* est la petite ouverture ronde percée au milieu de l'iris, et qui ressemble à un point noir.

Cette ouverture, ou plutôt ce canal, se rétrécit ou s'agrandit, selon que la lumière est plus ou moins vive.

---

33. — Maximes à retenir.

La chose la plus aisée devient difficile quand on la fait à contre-cœur.

Si vous voulez que les autres soient complaisants pour vous, montrez-leur tout d'abord que vous savez l'être pour eux.

Un enfant bon et sage ne rit pas des fautes des autres; il s'en afflige pour eux, et il s'efforce de ne pas les imiter.

Quand vous êtes au jeu, pensez au jeu; quand vous êtes au travail, ne pensez qu'au travail.

Il est sage de ne pas s'exposer au danger sans utilité pour les autres ou pour soi-même : c'est de la prudence.

Apportez à l'étude autant d'ardeur qu'à vos jeux, et vos progrès seront rapides.

Deux bonnes recettes pour bien dormir : Ne jamais rester oisif dans le jour; être content de soi-même, et pour cela remplir tous ses devoirs.

Une bonne recette pour être content de soi : Faire en sorte que les autres soient toujours contents de nous-mêmes.

Allez à la fourmi, paresseux; examinez son travail et apprenez d'elle la sagesse et la prévoyance.

Celui qui s'endort dans l'oisiveté se réveillera dans l'indigence.

34. — Les nids d'oiseaux.

Lorsque le printemps vient ranimer la nature et promettre le bonheur aux mortels, les forêts se garnissent de feuillage et retentissent du gazouillement des oiseaux.

Les petits garçons des campagnes s'en vont à la recherchedesnids.

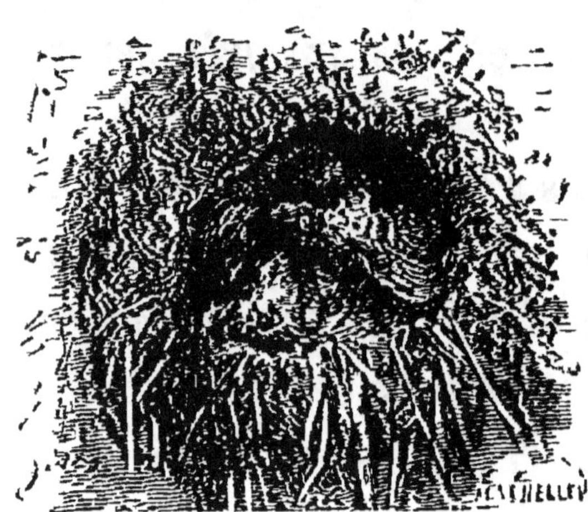

C'est un amusement cruel, et que la loi punit; il faut s'en abstenir.

Vous ne croiriez pas, bons petits lecteurs, si je ne vous le disais, qu'il en est qui enlèvent les œufs, si beaux, verts ou bleus, si joliment tachetés, mouchetés. Ils les brisent, ils prennent le nid, attrapent la mère, et la retiennent captive.

Et le pauvre oiseau, qui, sur son arbre, chantait sa petite amie, ses jolis œufs, son petit nid, maintenant il n'a plus rien au monde.

Il s'en va, revient, vole autour du buisson, sur la branche où il avait caché son bonheur, et là il pleure, oui, il pleure !...

Un sanglot roule dans son petit gosier; ses chants ne sont plus perlés et joyeux; c'est une longue plainte qu'il soupire.

Mais les auteurs de tout ce deuil, les méchants petits garçons, on ne les aime pas. Non, on ne les aime pas.

Ma mère me le répétait souvent; elle me disait que ces enfants-là ont quelque chose d'affreux dans leur vie quand ils sont grands; qu'ils deviennent gens de rapine [1] ou cœurs sans pitié.

Elle me racontait bien des histoires pour que je ne fisse pas de mal aux nids d'oiseaux.

Aussi, quand il m'arrivait d'en trouver un, chose que j'aimais pourtant beaucoup, je n'allais le voir que tout ému; ma main tremblait en détournant la branche.

Je n'osais toucher aux œufs, que je

---

[1] Qui commettent des vols.

croyais bénis; je m'imaginais voir, sous·la touffe, comme un génie gardien du nid...

Les oiseaux chantent Dieu et les fleurs; ne touchez point à leurs nids.

Ils embellissent nos bocages et détruisent des milliers d'insectes; ne les tourmentez point, laissez-les se multiplier en toute liberté.

---

35. — Le petit dénicheur.

Un petit garçon, appelé Philippe, courait les haies et les bois, au printemps, pour chercher des nids, qu'il mettait en pièces.

Tantôt il suçait les œufs, comme le coucou; tantôt il laissait mourir les pauvres oisillons[1] avec une insouciance cruelle.

C'était un petit méchant que ce Philippe, n'est-ce pas, mes enfants?

Sa mère lui disait tous les jours :

« Si tu continues d'exercer des cruautés, mon enfant, tu en seras puni. »

Il y a quelque chose de prophé-

[1] Petits des oiseaux.

tique[1] *dans les paroles d'une mère.*

Un dimanche de mai, le ciel était beau, la campagne était verte et fleurie, les villageois priaient à l'église.

Philippe, qui ne sentait rien au charme qu'il y a dans la compagnie d'une mère et d'une sœur, courut dans la forêt pour y faire quelque nouvelle victime.

Après avoir cherché quelque temps, il aperçut au haut d'un

[1] Qui pénètre l'avenir.

chêne un grand nid, mais bien grand :
c'était comme une corbeille.

Cette vue rendit son front tout radieux [1].

Se mettre nu-pieds, grimper sur
l'arbre, atteindre le nid fut l'affaire
d'un instant.

Il fut bien joyeux, là-haut; il n'avait
jamais rien vu de pareil : c'était une
aire [2] d'oiseaux de proie.

Deux jeunes oisillons en occupaient
le centre; leur grosseur, leur bec cro-
chu, leurs yeux déjà de feu excitèrent
sa surprise.

Bientôt, revenu de son étonnement,
il commença à détruire les bords de
l'aire, dont les débris, en tombant sur
le feuillage, pétillaient [3] comme une
pluie de grêle : ceci l'amusa fort.

Il prit ensuite un des jeunes oiseaux
par le cou et le tira hors du nid.

Le pauvre oiseau, en quittant son
nid, cria; en tombant sur une branche, où il se cassa une aile, il cria; en
tombant à terre, il poussa encore un
long cri, qui fut le dernier...

[1] Rayonnant de joie. — [2] Nid. — [3] Bruit sec.

36.

Ces cris faisaient rire Philippe; et, pour rire encore, il se préparait à précipiter le second oiseau.

En ce moment arrivent, rapides comme l'éclair, en fouettant l'air et le feuillage, le père et la mère des oiseaux.

Ils fondent sur le bourreau de leurs petits, s'implantent[1] sur sa tête, enfoncent leurs serres[2] aiguës dans la peau de sa chevelure, et, de leurs becs, lui crèvent les yeux et lui déchirent les joues.

Ils l'eussent fait mourir et précipité de l'arbre.

Mais un paysan, qui traversait cette partie de la forêt, entendant d'horribles cris, accourt, monte sur l'arbre et écarte les terribles oiseaux.

Il descendit le malheureux Philippe et le ramena à la maison.

Nous ne saurions dire comme le mi-

[1] Se posent avec acharnement. — [2] Ongles des oiseaux de proie.

sérable enfant souffrait, comme il criait; comme sa mère, en le voyant, pleura; comme sa sœur devint folle de douleur. C'était affreux !

Philippe fut aveugle. Tout chant d'oiseau lui faisait mal.

Philippe avait été un destructeur de jeunes oiseaux, et, comme sa mère le lui avait prédit, il en était cruellement châtié.

Jeunes lecteurs, écoutez un bon conseil : ne faites point de mal aux oiseaux, qui nous rendent tant de services.

Celui qui est cruel envers les animaux a un mauvais cœur.

---

37. — Le menteur.

Lucien avait la détestable habitude du mensonge.

Tous ceux qui le connaissaient se défiaient de ses paroles.

Ses parents eux-mêmes, ne sachant plus reconnaître quand il disait vrai ou faux, le punissaient fréquemment pour tâcher de le corriger.

Mais telle est la force des mauvais penchants, que Lucien mentait toujours.

Hélas! le malheureux enfant devait en être puni d'une façon terrible.

Un jour qu'il était allé se baigner avec ses camarades, il s'éloigna d'eux d'une centaine de pas, pensant trouver un endroit moins pierreux et plus commode.

En s'avançant dans la rivière, il perdit pied, et le courant l'entraîna.

Lucien se mit alors à crier de toutes ses forces : « Au secours! au secours!... je me noie!... »

Mais ce fut en vain. Ses camarades, qu'il avait tant de fois trompés, se dirent entre eux, sans bouger de leur place :

« Voilà encore notre menteur qui veut s'amuser à nos dépens; pour le coup, il n'y réussira pas. »

Cependant le menteur disait, cette fois, la VÉRITÉ; mais il s'y prenait trop tard.

Ses camarades, effrayés de ne pas le voir reparaître, coururent porter cette triste nouvelle à ses parents, se promettant bien de ne jamais se faire la réputation d'un menteur, réputation qui venait d'être si funeste à leur camarade.

On ne croit plus le menteur, même quand il dit la vérité.

---

38. — De la lecture (V. nos 101, 102, 122).

Ami lecteur, vous n'êtes plus un petit enfant : à neuf ans, on est déjà grand et raisonnable. Écoutez et répondez-moi.

Savez-vous lire? Ma question vous étonne! vous me regardez avec surprise et demeurez silencieux... Je répondrai pour vous.

Eh bien! vous ne savez pas lire. Non, mon cher Émile, vous ne savez pas lire. Je le dis au risque de vous déplaire.

Voyons, parlons ensemble, et vous verrez si je n'ai pas cent fois raison. J'en ai pour preuve la façon lamentable[1] dont vous venez de défigurer quelques lignes, avec une hâte[2] qui n'est pas en votre faveur.

Et d'abord la prononciation est dé-

[1] Qui cause de la tristesse. — [2] Précipitation, rapidité.

testable; vous prononcez les mots comme les personnes sans instruction. A quoi donc vous sert-il de suivre l'école?

Les signes de ponctuation, en second lieu, sont pour vous comme s'ils n'existaient pas; souvent les syllabes terminales [1], quand elles sont *muettes* ou *faibles*, vous les élidez [2] entièrement et sans scrupule.

Vous vous précipitez au point de perdre haleine, changeant ou estropiant sans pitié les expressions du livre.

Vous n'avez pas cherché à comprendre le texte [3], et, de fait, vous ne l'avez pas compris.

Quel embarras pour vous s'il vous fallait résumer une lecture ainsi faite!

On s'instruit journellement par la lecture; mais vous pourriez lire des volumes et ne rien apprendre.

Et, puisque je vous aime assez pour vous dire la vérité, vous aurez, j'espère, assez de confiance en moi pour écouter mes conseils et les suivre.

[1] Qui terminent le mot. — [2] Ne pas prononcer. — [3] La lecture faite.

39.

Lire précipitamment et mal lire c'est tout un. Les signes de ponctuation ne sont pas semés au hasard : ils marquent les repos nécessaires, les divisions naturelles de la phrase, et nous aident à en comprendre le sens.

Il faut lire lentement, avec naturel, comme on parle, sur un ton convenable, le ton de la conversation.

Pas de précipitation : elle gâterait tout. Rien ne vous presse ; prenez votre temps, le temps de bien voir les mots, de les bien articuler et de les comprendre.

Avec le sens de la lecture, vous retiendrez l'orthographe des mots qui auront passé sous vos yeux. L'orthographe s'apprend surtout par la lecture attentive, réfléchie, intelligente.

Prenez l'habitude d'une prononciation pure, et faites les liaisons sans affectation et sans recherche. N'obligez pas votre maître à vous reprendre à tout instant : ce qui a été recommandé une fois doit être observé toujours,

sans qu'il soit besoin de rappels inces-
sants, qui fatiguent, qui suspendent
l'exercice et font perdre un temps précieux.

Bientôt vous aimerez la lecture,
c'est-à-dire que vous aurez pris du goût
pour un puissant moyen d'instruction.

Les difficultés orthographiques s'a-
planiront d'heure en heure, parce
qu'à tout instant, à la classe et hors
la classe, un livre est entre vos mains.

Suivez la même méthode pour la
récitation, si propre à vous former à
une bonne lecture, à enrichir votre
mémoire, à développer chez vous le
sentiment du beau, à vous préparer
aux exercices de rédaction, que vous
redoutez d'une leçon pour l'autre.

Souvenez-vous que celui *qui lit bien
rédige et orthographie bien.*

(V. *Lectures* 101, 102 et 122.)

---

40. — Pierres à bâtir.

Dans la plupart des pays, on emploie la pierre pour la construction
des maisons. Ce calcaire, très résis-

tant, se prête à merveille à des constructions solides et durables.

Les pierres sont de qualités différentes; elles varient de couleur, de dimension et de solidité.

Les principales carrières se rencontrent dans les Charentes, l'Eure-et-Loir, le Doubs, la Saône, la Creuse, aux environs de Paris et de Caen.

Comme elles sont fines de grain, ces pierres se travaillent bien et reçoivent un beau poli.

C'est pour cela qu'on les emploie dans la statuaire [1], qui sait en tirer des chefs-d'œuvre.

Elles le sont journellement en architecture, pour les constructions importantes, les ponts, les viaducs [2], les édifices publics, etc.

A l'exception de l'Italie, où les marbres sont très communs, les riches hôtels de nos grandes villes sont construits avec la pierre, que l'art du sculpteur sait enrichir de figures et d'ornements merveilleux.

[1] Art de faire des statues. — [2] Voie établie au-dessus d'un vallon.

L'extraction de la pierre se fait en creusant sous le sol des galeries profondes, que l'on éclaire au moyen de lampes placées de distance en distance.

Des ouvriers examinent les lits et les joints du banc calcaire. Avec des pics à lame étroite et longue, ils taillent des blocs souvent énormes, qui sont transportés sur de lourds chariots, expédiés dans toutes les directions, pour être débités à la scie, taillés au marteau et employés sur place.

---

41. — Petits oiseaux.

Que chantez-vous, petits oiseaux ?
Je vous regarde et vous écoute ;
C'est Dieu qui vous a faits si beaux :
    Vous le louez sans doute ?
Son nom vous anime en ces bois ;
Vous n'en célébrez jamais d'autre.
Faut-il que mon ingrate voix
    N'imite pas la vôtre !
Vos airs si tendres et si doux
Lui rendent tous les jours hommage.
Je le bénis bien moins que vous,
    Et lui dois davantage. (CASSAGNE.)

42. — La récompense.

Un père de famille, chargé de biens et d'années, voulut régler d'avance sa succession entre ses trois enfants et leur partager ses biens, fruit de ses travaux et de son industrie.

Après en avoir fait trois parts égales et assigné à chacun son lot : « Il me reste, ajouta-t-il, une jolie ferme ; je la destine à celui qui saura la mériter par quelque action noble et généreuse.

« Allez, et revenez riches de chacun une bonne action. »

Aussitôt les trois frères se dispersent; puis ils se rassemblent au temps marqué, se présentent devant leur père et lui parlent ainsi :

« Mon père, dit l'aîné, durant mon absence, un étranger s'est trouvé dans des circonstances qui l'ont forcé de me confier toute sa fortune.

« Il n'avait de moi aucune garantie, aucun écrit; j'aurais pu garder le dépôt, je le lui ai remis fidèlement.

« Cette fidélité n'est-elle pas quelque chose de louable?

— Tu as fait, mon fils, ce que tu devais faire, lui répondit le vieillard.

« Il y aurait honte et déshonneur à en agir autrement : *la probité est d'une observation rigoureuse.* »

43.

Le second fils parla à son tour :
« Je suis passé, dit-il, pendant mon voyage, près d'un lac où un enfant venait de se laisser tomber.

« Il allait périr. J'ai pu le retirer et lui sauver la vie. La sincérité de mon récit pourrait être attestée par tous les habitants du village que baignent les eaux du lac.

— Je te loue de ta conduite, mon fils, interrompit le père; mais il n'y a point encore de noblesse dans cette action; il n'y a que de l'humanité, et *l'humanité est inspirée par un sentiment irrésistible.* »

Enfin le plus jeune prit la parole.

« Mon père, dit-il, j'ai trouvé mon

ennemi personnel qui, s'étant égaré durant la nuit, et brisé par la fatigue, s'était endormi sur le bord d'un abîme profond.

« Le moindre mouvement qu'il eût fait, au moment de son réveil, ne pouvait manquer de le précipiter au fond du gouffre.

« Sa vie était entre mes mains. Je l'ai doucement éveillé et l'ai sauvé du péril.

— O mon fils! s'écria le bon père avec transport[1], en l'embrassant tendrement, c'est à toi qu'appartient la ferme.

« *C'est par des bienfaits qu'il faut nous venger.*

« *Faire du bien à son ennemi, c'est la plus généreuse des actions.* »

---

44. — Les eaux.

Le soleil, le vent contribuent à faire évaporer[2] l'eau de la mer, des lacs et de toutes les surfaces liquides. Cette vapeur d'eau forme les nuages,

[1] Admiration. — [2] Réduire en vapeur.

qui se résolvent en pluie, en grêle, en neige.

L'eau de pluie et celle que produit la fonte des neiges pénètrent les couches du sol, ou coulent à la surface pour alimenter les sources et former

les ruisseaux, les rivières, les grands fleuves.

Tous les cours d'eau, grands et petits, portent leur tribut à la mer. Ainsi l'eau se transforme constamment en vapeurs pour redevenir de l'eau.

Dans cette transformation continuelle, dans ce mouvement perpétuel des eaux, tout se retrouve, rien ne se perd; il n'y a rien d'ajouté, rien de retranché, depuis tant de siècles que le monde existe.

Les eaux courantes sont les plus saines, parce que, dans leur parcours, elles sont en contact avec l'air et se chargent de substances dont la plupart conviennent à notre organisation.

Les eaux les plus limpides ne sont pas pour cela toujours pures; souvent elles contiennent, en particules tellement petites qu'elles sont invisibles, de la silice ou pierre à feu, de la chaux, substance qui est de même nature que le marbre, la pierre à bâtir. Et il est heureux qu'il en soit ainsi, les matières pierreuses ou calcaires étant nécessaires à la constitution des os, qui forment la charpente humaine.

---

45. — La vie.

Père! qui passe le plus vite?...
Est-ce le fleuve? est-ce le vent?
Est-ce l'étoile qui gravite [1]
Et s'enflamme en sillon [2] mouvant?

[1] Qui tourne. — [2] Trace lumineuse.

Est-ce la nue ou la fumée?
L'hirondelle sifflant dans l'air?
Le fusée en gerbe allumée?
Est-ce la foudre? est-ce l'éclair?
— Mon fils, que l'avenir t'évite
Ce savoir doux et douloureux!
Non, ce qui passe le plus vite,
Enfant, ce sont les jours heureux!

---

46. — A demain le travail.

« Demain, je labourerai mon champ, disait Remy. Il ne faut pas perdre de temps, car la saison s'avance, et, si j'étais négligent, je n'aurais point de blé, et par conséquent point de pain pour ma famille.

Le lendemain, Remy était debout dès l'aurore [1]. Il songeait déjà à visiter sa charrue, lorsque l'un de ses amis vint l'inviter à un festin [2].

Remy hésita [3] d'abord, mais, en y réfléchissant, il se dit :

« Un jour plus tôt ou plus tard, ce n'est rien pour mon affaire, et un

[1] Commencement du jour. — [2] Repas somptueux. — [3] Balança, eut peine à se décider.

jour de plaisir perdu, c'est pour toujours. »

Et il alla au festin.

Le lendemain, il dut prendre du repos, car il avait mal à la tête et à l'estomac. « Demain nous réparerons cela, » se dit-il en lui-même.

Demain vint; il plut. Remy eut la douleur de ne pouvoir sortir de la journée.

Le jour suivant, le soleil était beau, et Remy se sentait plein de courage; malheureusement son cheval était malade à son tour. Remy maudit la pauvre bête.

Le lendemain était un jour de fête : on ne pouvait se livrer au travail.

Une nouvelle semaine commence, et, en une semaine, on fait bien de la besogne.

Il commence, lui, par aller à une foire des environs, puis à la noce d'un proche parent; enfin il s'arrangea si bien que lorsqu'il se mit à labourer son champ, la saison des semailles était passée.

Et plus tard, il n'eut rien à récolter :

voilà ce qu'il gagna à remettre au lendemain !

Avant tout, le devoir ; souvenons-nous que le temps perdu est bien perdu, que la misère suit de près le paresseux et l'atteint bientôt.

47. — Le réséda.

« Mère, disait la petite Ernestine, pourquoi avez-vous toujours, sur votre fenêtre, cette herbe si simple dans un si beau vase ?

« Notre jardin est rempli de tant de fleurs brillantes ! Je ne comprends pas la préférence accordée à une plante aussi obscure[1].

— Il est vrai, répondit la mère, que cette plante, cet humble réséda, n'a ni la fraîcheur de la rose, ni l'éclat du lis, ni les riches couleurs de la tulipe.

« Mais sa fleur, quoique sans agrément et sans parure, a un parfum[2] si délicieux et si doux, qu'il surpasse même celui de la rose.

[1] De chétive apparence. — [2] Odeur suave.

« C'est une image de la vertu paisible qui, sans éclat extérieur, soumet le cœur à son empire[1] par les jouissances qu'elle procure.

« Je désire que tu comprennes tout

ce qu'il y a de séduisant dans cet emblème[2].

« La vertu modeste est le plus estimable des trésors, et on regarde avec bonheur l'enfant pour lequel l'amour du bien a déjà de l'attrait. »

[1] Autorité, prestige. — [2] Image, figure symbolique.

48. — Jeunesse de Franklin.

Dès l'âge de dix ans, son père l'employa dans sa fabrique de chandelles. Mais le métier ne plut pas à l'enfant, qui s'en dégoûta bien vite.

Il fut placé chez un coutelier, son parent, qui, après s'être perfectionné à Londres, était retourné en Amérique et s'était fixé à Boston.

La somme exigée pour l'apprentissage étant trop forte, le jeune Franklin quitta l'atelier pour entrer chez un imprimeur, avec lequel fut contracté un engagement pour neuf années.

Comme il était intelligent et adroit, il devint bientôt très habile, passant tout le jour à travailler et une partie de la nuit à étudier.

Il apprit la grammaire, l'arithmétique, la géométrie, la théorie de la navigation, qui avait pour lui un charme particulier.

D'une extrême sobriété [1], il obtint de

[1] Modération dans l'usage des aliments.

son père qu'il toucherait lui-même, chaque mois, la moitié de la somme employée jusque-là pour le payement de sa pension.

Dès lors il se contenta d'un potage au gruau qu'il préparait lui-même, mangeant debout et vite un morceau de pain avec un fruit, ne buvant rien que de l'eau.

Avec les économies qu'il réalisa [1], il put acheter des livres, et trouva le temps de les lire.

Il parvint à l'emploi le plus élevé, fut élu président de la république américaine, et rendit d'éminents [2] services à son pays.

---

49. — Le remords.

Quand on a fait le mal, on n'est plus tranquille, et le remords déchire l'âme coupable.

Car nous avons en nous-mêmes un juge redoutable et sévère qu'on ne peut tromper : notre conscience.

[1] Amassa. — [2] Grands, importants.

C'est elle qui, après une bonne action accomplie, nous dit : « Tu as bien fait. » Et alors nous nous sentons heureux.

Quand nous avons commis une faute, c'est encore notre conscience qui nous dit : « Tu as mal fait, et tu es coupable. »

Et notre raison s'élève contre nous, et nous sommes malheureux.

La conscience est la terreur des méchants ; elle les punit par les remords.

Un homme avait commis une grande faute, et, depuis ce moment, il était inquiet, son âme était bouleversée; il ne goûtait plus aucun repos.

Il lui semblait même que tout lui reprochait son crime; partout il voyait des accusateurs.

On le vit un jour massacrer impitoyablement de pauvres petits oiseaux.

« Que faites-vous? lui dit-on, et pourquoi vous montrer si cruel ?

— Eh ! répondit-il, ne les entendez-vous pas m'accuser d'avoir maltraité mon père? »

Le remords avait troublé sa raison.

Il n'est point de supplice comparable au remords.

Le bonheur n'est autre chose que le repos de la conscience, la satisfaction d'avoir bien fait.

---

50. — De la vengeance.

Le favori d'un prince lança une pierre à un pauvre qui lui avait demandé secours.

L'offensé n'osa se plaindre; mais il prit la pierre et la conserva.

Tôt ou tard, se disait-il, j'aurai l'occasion de me venger de cet homme orgueilleux et cruel.

Quelques jours après, il entend des cris dans la rue.

Il apprend que le même favori était tombé en disgrâce, que le prince le faisait conduire par toute la ville et l'exposait aux insultes du peuple.

Aussitôt il prit sa pierre pour la lancer au courtisan déchu; mais il se reprocha bien vite ce mouvement, jeta la pierre à l'écart et dit :

« Je sens maintenant qu'il *ne faut jamais se venger; car, si notre ennemi est puissant, ce serait imprudence et folie; s'il est malheureux. ce serait bassesse et cruauté.* »

Ce raisonnement était juste. Mais lorsque notre ennemi n'est ni puissant ni malheureux, et que par conséquent il n'y ni a folie ni bassesse à se venger, on ne peut encore lui rendre le mal pour le mal.

La vengeance n'est pas permise, parce qu'elle n'est jamais généreuse et qu'elle est presque toujours injuste.

Que le désir de vous venger n'entre jamais dans votre cœur : le plaisir que donne la vengeance dure peu; celui que procure le pardon ne finit point.

---

51. — Les deux pommiers.

Un vertueux laboureur avait deux enfants, auxquels il voulait donner une bonne éducation.

Quand ils furent assez grands pour manier les outils du jardinage, il les conduisit, par un beau jour de printemps, dans son verger, où il avait planté deux jeunes arbres de même taille.

« Je vous donne, leur dit-il, ces deux arbres, qui sont dans des conditions excellentes.

« Prenez-en grand soin; vous serez amplement dédommagés de votre peine par les fruits que vous en recueillerez. »

Étienne se mit à l'œuvre et se montra plein de zèle. Il fallait voir avec quel soin il enlevait les chenilles, qui auraient dévoré les feuilles de son arbre !

Il retranchait aussi les branches inutiles qui croissaient sur la tige.

De temps en temps il piochait la terre au pied, pour qu'elle pût se pénétrer plus facilement de la chaleur et de l'humidité, si favorables à la végétation.

Ses soins ne furent pas inutiles. L'arbre devint vigoureux; ses rameaux donnaient déjà un ombrage où le jeune enfant allait quelquefois se reposer.

Mais ce qui lui causa surtout une grande joie, ce furent les fruits dont le pommier était chargé.

Il étaya soigneusement les branches qui pliaient vers la terre et qui, sans cette précaution, se seraient rompues sous leur charge précieuse.

Étienne contemplait son arbre avec ravissement : *on est heureux en considérant le fruit de ses travaux.*

52.

Florent était loin d'imiter son frère.

A peine revenu de l'école, il gravissait le coteau voisin, d'où il jetait des pierres aux troupeaux qui paissaient tranquillement, aux oiseaux qui chantaient perchés sur les arbres.

C'était fort mal : *les animaux sentent et souffrent comme nous; il ne faut jamais leur faire de mal.*

Il était souvent en querelle avec ses camarades, car il était méchant. Il avait un malheureux penchant au mal et ne se contraignait pas.

Les avertissements de son père le rendaient plus coupable sans le rendre meilleur. Plus d'une fois il fit verser des larmes à sa bonne mère, qui aurait voulu le voir sage, actif, docile et appliqué.

L'enfant qui fait ainsi pleurer sa mère est bien coupable.

L'arbre de Florent avait été négligé à tel point, qu'il était étiolé et sec comme un bâton. Les insectes en avaient dévoré les feuilles, et les mauvaises herbes qui croissaient au pied montaient jusqu'à moitié de la tige.

53.

Un dimanche, comme le soleil était sur son déclin, le bon laboureur alla visiter son verger avec ses deux enfants.

Ils les conduisit dans l'endroit où étaient plantés les deux pommiers, et là il se borna à les considérer tous les deux avec beaucoup d'attention.

Le bon père regardait son cher Étienne avec complaisance, et l'expression de son visage semblait l'encourager.

Plusieurs fois Florent vit son père diriger sur lui un regard qu'il n'osa soutenir. Il baissait les yeux, et la rougeur couvrait son front.

Celui qui rougit de sa faute commence à devenir meilleur. Florent se jeta aux pieds de son père, lui demanda pardon de sa négligence et lui promit de mieux faire.

« Ton repentir me donne autant d'espérance que tes fautes passées m'ont causé de déplaisir. »

Ainsi parla le père, qui ajouta encore :

« Vous voyez dans ces deux arbres, mes enfants, l'image de la bonne et de la mauvaise éducation.

« Celui-ci, qui est vigoureux et chargé d'une abondante récolte, est la figure de *l'homme instruit, laborieux et bien élevé; il est utile aux autres hommes, et son extérieur est agréable.* —

« Celui-là, au contraire, dont l'aspect est si triste, est la figure de *l'homme abandonné à ses inclinations mau-*

vaises. Il est inutile à ses semblables, et à sa vue on détourne les yeux. »

La leçon ne fut pas perdue : Florent suivit, de ce jour, l'exemple de son frère, qu'il égala bientôt.

---

54. — Les populations du globe.

Les hommes qui peuplent la terre présentent des différences notables de forme et de couleur, suivant les régions et les climats qu'ils habitent.

Sous ce rapport, on les partage en plusieurs familles ou *races*, que nous indiquerons avec les principaux caractères qui les distinguent.

La race *blanche* ou *caucasienne*, la mieux douée, est

remarquable par la blancheur de la peau et la régularité des traits; elle habite l'Europe et la partie de l'Asie qui lui confine.

La race *jaune* ou *mongole* occupe la plus grande partie de l'Asie, spécialement la Chine et le Japon. Les *Mongols* ont les yeux obliques, le visage aplati et le teint cuivré.

La race *malaise* ou *indouc* se rencontre dans l'Asie méridionale et dans les îles de l'Océanie; elle a le teint *olivâtre* ou *cendré*.

RACE NOIRE - Cafre

L'Australie (grande île de l'Océanie) et l'Afrique sont peuplées de nègres, formant la race *noire* ou *éthiopique*. Ils ont les lèvres épaisses, le front déprimé, la peau noire, les cheveux crépus et abondants.

La race *rouge* ou *cuivrée* se rencontre dans l'Amérique méridionale, et la race *basanée* occupe le reste du continent américain, avec un mélange d'Européens, Allemands et Irlandais surtout, qu'y pousse une émigration incessante.

---

55. — Petits ruisseaux. — Petits enfants.

Les petits ruisseaux font les grandes rivières. Cela veut dire que les efforts individuels contribuent aux grands résultats, qu'il ne faut mépriser personne ni soi-même, qu'il faut amasser goutte à goutte les qualités morales, la science et le savoir, parce que c'est faire acte d'honnête homme que de s'efforcer de devenir un homme éclairé.

L'avenir appartient aux écoliers. Si tous les écoliers travaillent, l'avenir du pays s'en ressentira.

Les générations nouvelles fortifieront la patrie et travailleront à son bonheur, à son relèvement.

C'en serait fait de la nation si, pendant vingt ans, tous les écoliers étaient des paresseux.

C'est donc être un mauvais citoyen, c'est ne pas aimer la France, c'est ne pas aimer ses semblables que de ne pas apprendre sa leçon, que de ne pas faire son devoir, que de ne pas avoir, dès la jeunesse, l'amour du bien et du juste, l'amour du devoir.

Si, par étourderie, on peut oublier son propre bien, on commet une faute; mais oublier le bien de tous en même temps, c'est faire une plus grande faute. On est bien coupable si, étant averti du danger qu'il y a à mal faire, on persiste dans la voie du mal.

---

56. — Objets de terre cuite.

La brique, la tuile entrent aussi dans la construction de nos habitations.

On les fabrique avec de la terre glaise ou terre argileuse. La glaise est détrempée, remuée et mélangée au manège; on la travaille ainsi pour la rendre homogène et lui donner du lien.

Puis les ouvriers la mettent par parties dans des moules de bois, où elle prend la forme qu'elle conservera.

Les briques et les tuiles, ainsi façonnées, sont posées sur des rayons et y restent le temps nécessaire pour qu'elles sèchent suffisamment.

On les transporte ensuite avec précaution dans un four, où la cuisson leur donnera toute la consistance nécessaire.

Parmi les briques, les unes sont pleines, les autres creuses. Ces dernières exigent un peu plus de soin; elles sont employées dans la construction des voûtes et des cloisons intérieures.

Avec de l'argile, on fait aussi des *drains*, ou tuyaux de drainage pour l'égouttement des terres. Ce sont des cylindres de diamètres très divers, suivant leur destination spéciale.

57. — Les épis du pauvre.

Moissonneurs, sans plaindre vos peines,
Cueillez le blé mûr dans les plaines,
Le blé, notre bien le plus cher.
Ce grain d'or sous sa pâle écorce,
C'est le germe de notre force,
C'est notre sang et notre chair.

Pour le pauvre, en liant la gerbe,
Laissez quelques épis dans l'herbe,
Qu'il glane un peu de ce bon grain.
Puissions-nous, dans un champ pros-
Voir tous les fils du même père [père,
Unis autour du même pain !

(V. DE LAPRADE.)

58. — Tout n'est pas profit à briller.

Un pauvre ouvrier travaillait dans
une mine, et il se plaignait de son
sort.

« Que ma vie est triste ! disait-il :
toujours travailler dans ce souterrain
et demeurer isolé du reste des hommes !

« Si encore je pouvais respirer l'air pur, comme ce laboureur, mon voisin, qui cultive ses champs, et peut à tout moment voir le ciel ! »

Et, plein de tristesse, il laissait tomber son outil avec découragement.

Or ce même laboureur était loin de se trouver heureux; il portait envie à son maître, riche négociant, qui avait une fortune considérable.

« Je me consume, disait-il, à tourner la terre, à l'ensemencer, à moissonner les récoltes. Je mouille la poussière de ma sueur, et, au bout de l'an, que me reste-t-il? presque rien!...

« Tout est pour le possesseur de ma ferme, tout, excepté le travail. Oh! que mon sort et le sien sont différents! »

Et son cœur était navré, et le travail lui paraissait plus rude. Il oubliait que *contentement passe richesse.*

Le riche, dont la position était ainsi enviée, trouvait à son tour que tel autre était plus heureux que lui, parce qu'il le voyait plus puissant.

Ainsi *les hommes se rendent malheureux en envisageant un bonheur plus grand que celui qui est à leur portée.*

59.

Rien n'est stable sur la terre; les biens et les maux se succèdent rapidement : excellente raison pour se contenter du peu qu'on a.

Or nos trois personnages étaient sur le point d'en faire l'expérience.

L'atmosphère[1] était embrasée, les plantes inclinaient leurs tiges fanées vers la terre; à peine une brise[2] légère effleurait-elle[3] les épis naissants.

Toute la nature était dans une langueur extrême. De gros nuages paraissaient à l'horizon et montaient dans le ciel.

L'orage éclate. La foudre tombe sur les vastes magasins du négociant. Un violent incendie les consume.

La grêle et une pluie torrentielle[4] détruisent une partie des récoltes...

Le nuage est passé, le calme est rétabli.

« Que vais-je devenir? dit alors le riche. Ma fortune a disparu : il ne me reste plus rien !

« Si encore j'étais comme ce laboureur, qui n'a à déplorer que la perte de quelques arpents de blé !

« Au bout de l'an, son profit sera un peu moindre, il est vrai, mais sa

---

[1] L'air. — [2] Vent faible. — [3] Toucher légèrement. — [4] Qui tombait à torrents.

position n'aura pas changé pour cela. Il est bien heureux ! »

Cependant le laboureur, lui aussi, était profondément triste.

« Voilà donc, disait-il, le fruit de mes travaux anéanti en un instant !

« Il me faudra plusieurs années pour réparer cette perte.

« Mon voisin est bien plus heureux ! Il n'a éprouvé aucun dommage, lui. Au fond de sa carrière, il ne s'est même pas aperçu de l'orage.

« Il n'a pas perdu une minute, et ce soir il s'endormira libre de tout souci. »

Et ainsi ils reconnaissaient tous que *plus une condition est humble, plus on y trouve le calme et la sérénité.*

---

60. — Les quatre saisons.

« Ah ! si l'hiver pouvait durer toujours ! » disait le petit Camille. Il s'était bien amusé, avec son frère, à former de grosses boules de neige.

Son père l'entendit et lui fit écrire ce souhait sur un petit carnet qu'il portait habituellement.

L'hiver s'écoula, et le printemps parut.

Camille se promenait avec son père le long d'une plate-bande où croissaient des jacinthes et des narcisses.

Il était ravi en respirant leur parfum, en admirant leurs fraîches couleurs.

« Ce sont les fleurs du printemps, lui dit son père, mais la durée en est bien courte.

— Ah! répondit Camille, si c'était toujours le printemps!... »

Et son père lui fit écrire ce second souhait.

L'été vint à son tour.

Par une belle journée, Camille sortit avec ses parents et quelques-uns de ses camarades.

Ils voyaient sur leur route tantôt des blés verdoyants, qu'une brise légère inclinait à peine, tantôt des prairies émaillées de mille fleurs, tantôt de jeunes agneaux bondissants.

Ils mangèrent des fraises, des cerises, et ils passèrent la journée entière dans les champs.

« N'est-il pas vrai, Camille, que l'été a bien aussi ses charmes ? lui dit son père.

— Oh ! je voudrais qu'il durât toute l'année. »

Et aussitôt se souhait fut écrit à la suite des autres.

Enfin l'automne arriva.

Toute la famille alla recueillir les fruits du verger : ce fut une véritable fête.

L'air était doux, le ciel serein.

Les branches, chargées de pommes vermeilles, se courbaient jusqu'à terre.

Ce fut pour Camille une journée pleine de charmes; et il s'écria avec transport : « Ah! si l'automne durait toujours !... »

Et il consigna sur le même carnet le nouveau souhait qu'il venait de former.

Alors son père lui fit remarquer la contradiction frappante qu'il y avait dans ces quatre lignes; et, prenant de là occasion d'instruire son fils, qui ne pouvait se défendre d'un certain embarras, il lui dit :

« *Toutes les saisons sont bonnes,* mon cher Camille; *elles sont toutes fécondes en richesses et en agréments pour l'homme laborieux et sage.*

« *Les lois qui règlent le monde sont savantes et sagement établies; admirons, mais gardons-nous de critiquer et de murmurer jamais.* »

61. — Union fraternelle.

Quel plus doux nom que celui de sœur, et que les enfants uniques se trouvent à plaindre alors qu'ils voient les familles nombreuses se soutenant à travers les épreuves de la vie! Le frère fortifiant sa sœur, la sœur consolant son frère, mettent en commun ce que l'amitié la plus parfaite ne possède jamais, le nom, l'honneur, la solidarité du sang, les souvenirs du passé remontant jusqu'au berceau!

L'amitié fraternelle a un caractère à part de pureté, d'intimité, de désintéressement; l'amitié d'un frère pour sa sœur réveille les idées les plus nobles, celles de la famille unie, entière, liée par les plus saints nœuds et passant d'âge en âge, de main en main le flambeau des chastes affections. Les larmes et les secrets versés dans le sein de l'amie du foyer ne sont jamais révélés. La sœur aînée a, jusque dans la vieillesse, une douce autorité, et la sœur cadette une amicale déférence;

et quand l'amitié lie un frère à une sœur, elle est peut-être plus suave et plus forte encore. Si elle est l'aînée, il a reçu d'elle d'enfantines leçons; plus tard, quand la fougue de la jeunesse l'entraînait et le perdait peut-être, elle l'a défendu au tribunal de la famille et obtenu son pardon.

Que ne lui doit-il pas! Et si elle est plus jeune que lui, ne l'a-t-il pas amusée enfant, instruite jeune fille, soutenue, éclairée, protégée toujours?

---

61 bis. — L'Alsace.

Dis-moi, quel est ton pays?
Est-ce la France ou l'Allemagne? —
C'est un pays de plaine et de montagne,
Une terre où les blonds épis,
En été, couvrent la campagne,
Où l'étranger voit, tout surpris,
Les grands houblons en longues lignes
Pousser joyeux au pied des vignes,
Qui couvrent les vieux coteaux gris!
La terre où naît la forte race,
Qui regarde les gens en face...
C'est la vieille et loyale Alsace. »

(ERCKMANN-CHATRIAN.)

RÉCITS DIVERS

62. — Les épices.

Il faut user modérément des épices, qu'on emploie en cuisine comme assaisonnement; elles échauffent, elles excitent l'estomac et facilitent la digestion.

Les épices nous viennent des régions chaudes de l'Océanie et de notre colonie de la Martinique.

Le poivre est le fruit du *poivrier*, plante sarmenteuse, comme la vigne, qui s'enroule et grimpe autour des arbres voisins.

Ses fleurs, et par suite ses fruits, sont disposés en grappes longues et pendantes. Les fruits, gros comme des groseilles, sont rouges lorsqu'ils sont arrivés à l'état de maturité.

C'est alors qu'on les cueille pour les mettre à sécher. Quand ils sont secs, leur aspect est tout différent : ils sont ternes[1] et ridés. C'est le *poivre noir*.

[1] De couleur pâle, effacée.

Pour obtenir le *poivre blanc*, on met,
aussitôt après la récolte, les grains

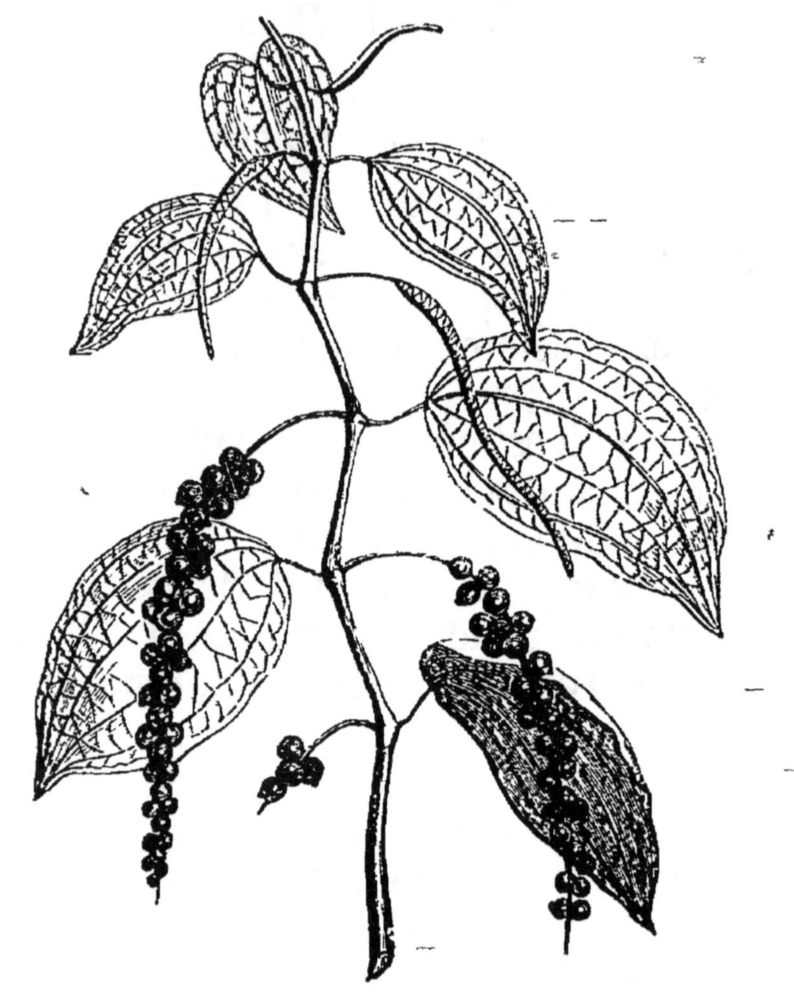

dans de l'eau, puis on les en retire
pour les exposer au soleil.

A mesure qu'ils sèchent, la peau se fen-
dille et peut se détacher par le simple

frottement. Les grains de poivre sont facilement moulus et réduits en poudre.

Les clous de *girofle* ne sont autre chose que les fleurs non épanouies du *giroflier,* bel arbre des pays chauds, qui atteint jusqu'à dix mètres de hauteur. — Les fleurs naissantes sont cueillies et séchées au soleil, où elles se roulent et se durcissent.

La *cannelle* est l'écorce de jeunes branches d'un arbre de Ceylan, et la *vanille,* la gousse d'une plante sarmenteuse qui croît au Mexique.

---

63. — Crayons.

Pour fabriquer des crayons, on réduit en poudre de l'argile et de la plombagine, substance grasse et charbonneuse. On y ajoute un peu d'eau pour en composer une pâte très molle, que l'on coule dans les rainures[1] pratiquées sur des planchettes.

Lorsque la pâte ou *mine* est sèche, on introduit les planchettes dans des creusets[2] où elles sont chauffées à di-

---

[1] Sillons creusés. — [2] Petits vases de terre qui résistent au feu.

vers degrés, plus si on veut des crayons durs, moins si on veut des crayons tendres.

La *mine* est ensuite taillée et incrustée dans la rainure d'un petit cylindre de bois, préalablement partagé en deux parties dans le sens de la longueur.

Les deux moitiés du cylindre sont ensuite rapprochées, recollées pour constituer un crayon.

Les crayons noirs employés pour le dessin se font avec un mélange d'une partie de noir de fumée et de deux parties d'argile; on comprime[1] la pâte ainsi obtenue dans des moules de divers calibres[2].

---

64. — Aimez la France.

Aimez, sans vous lasser jamais,
Sans perdre un seul jour l'espérance,
Aimez-la comme je l'aimais,
    Aimez la France !

Conservez ma robuste foi,
Vous aurez de plus la vaillance;
Enfants, servez-la comme moi,
    Servez la France !

[1] On presse. — [2] Grandeur, dimension.

Votre honneur, amis, c'est le sien ;
Humbles soldats de sa querelle,
Souffrez sans lui demander rien,
    Souffrez pour elle !

Ne marchandez pas votre sang
Afin de la rendre immortelle ;
Au premier rang, au dernier rang,
    Mourez pour elle !

---

65. — Point de vengeance.

Si quelqu'un nous blesse et nous nuit,
Quelque grande que soit l'offense,
Laissons l'espace d'une nuit
Entre l'injure et la vengeance.

L'aurore à nos yeux rend moins noir
Le mal qu'on nous a fait la veille ;
Et tel qui s'est vengé le soir
En est fâché lorsqu'il s'éveille.

---

66. — Les boissons.

L'eau est *potable*, c'est-à-dire bonne à boire, quand elle est incolore, inodore, qu'elle dissout bien le savon, cuit aisément les légumes et reste claire si on la chauffe.

On peut rendre l'eau saine et potable en la faisant passer dans un filtre, où elle aura à traverser une couche de charbon et une couche de sable, qui la débarrasseront des matières terreuses, végétales ou même animales, qu'elle tenait en suspension.

La bière se fait avec de l'orge qu'on laisse fermenter dans de grandes cuves remplies d'eau; on y ajoute du houblon, qui communique au liquide une saveur amère.

C'est une boisson saine, rafraîchissante, fort en usage parmi les populations du nord.

On appelle *brasseries* les établissements où se fabrique la bière.

Le cidre, boisson du nord-ouest de la France, est le jus de pommes écrasées avec addition d'une quantité d'eau variable, selon le degré de force qu'on entend donner à la liqueur. La Normandie et la Bretagne sont les régions qui produisent le plus de pommes à cidre.

Le vin est le jus du raisin. La *vendange* se fait en septembre et en octobre. On cueille le raisin et on le dépose dans de grandes cuves, où il est *écrasé* et *foulé*. Après quelques jours de fermentation, le jus est tiré au clair.

Peu à peu le principe sucré qu'il contient se change en alcool.

Le vin ainsi fermenté est mis dans des fûts.

En cet état il est expédié pour être mis en bouteilles, où il s'améliore encore en vieillissant.

Les vins de France sont très appréciés; les plus renommés sont ceux de Champagne, de Bourgogne, de Bordeaux, etc.

Comme on le voit, ce sont les départements de l'est et du midi qui produisent le vin.

Les diverses boissons, le vin surtout, contiennent de l'alcool. Autant l'usage modéré est réparateur et bienfaisant pour la santé, autant l'abus est nuisible à tout notre organisme.

---

67. — Filatures et fabriques.

Si vous avez eu occasion de visiter le Havre, vous avez dû être frappé de la prodigieuse quantité de balles de coton amoncelées sur les quais.

Enveloppées dans de la toile grossière, liées et serrées avec des rubans d'acier, elles nous viennent d'Amérique et seront expédiées dans les villes d'in-

dustrie, à Rouen, à Condé, à Flers,
pour y être filées et tissées.

La haute cheminée de briques que
vous apercevez vous annonce le voi-

sinage d'un établissement industriel,
usine ou fabrique.

C'est, en effet, une filature. Entrons.
Les roues et les courroies de cuir sont
en mouvement.

Voyez avec quelle rapidité tournent
ces milliers de broches. Un fil s'enroule sur chacune d'elles.

Dans un instant, tous les fuseaux

seront chargés de fils, retirés et remplacés par de nouvelles bobines, qui seront bien vite garnies à leur tour.

Avec ce fil, on fera des tissus légers, soit au métier, soit par des moyens beaucoup plus expéditifs, comme ceux qu'on emploie dans les fabriques.

Des femmes, des enfants, qui doivent avoir deux heures de classe par jour, travaillent dans ces établissements. Comme ils sont pâles ! *Vous êtes heureux, enfant, de respirer l'air fortifiant des champs, si frais et si pur !*

68. — Jouer sans mal faire.

Faustin, enfant plein de sens et de raison, profite vraiment bien des lectures qu'il fait, des avis qu'on lui donne.

Écoutez plutôt ses propres réflexions :

« Quel plaisir pour moi, dit-il, de jouer et de bondir après ma tâche faite !

« Mais j'observe les recommandations de mon père, qui est bon et déteste les actes de méchanceté.

« Je me rappelle aussi ce que j'ai

lu dans un livre que je regarde comme un bon ami, puisqu'il renferme de bons conseils.

« Et j'évite avec soin de faire aucun mal.

« Comme je serais fâché de lancer des pierres au troupeau qui passe, à la chèvre qui broute l'herbe, au chien dévoué qui regagne la maison de son maître, au petit oiseau qui sautille sur le chemin ou voltige sur les buissons!

« Mais aussi ne serait-ce pas cruel et insensé?

« J'ai lu, il y a quelques jours à peine, que les oiseaux détruisent des millions d'insectes, qui sans eux dévoreraient nos fruits et nos moissons.

« N'y aurait-il pas folie à les chasser de nos champs et de nos vergers, où ils font si bonne garde?

« Ils n'y seront jamais assez nombreux.

« La loi punit ceux qui sont assez méchants pour toucher à leurs nids.

« La loi est sage et prévoyante. Je veux la respecter.

« Heureux après le devoir accompli, je veux l'être encore en reprenant ma tâche.

« C'est pour cela que, *dans mes jeux, j'éviterai toujours de mal faire.* »

---

69. — Pratique de la bienfaisance.

Quelle est cette jeune enfant? Une joie modeste brille sur ses traits[1]. Tout en elle respire[2] la bonté, la candeur[3], le contentement.

C'est Clotilde. Cette enfant est heureuse. Et comment ne le serait-elle pas? elle va faire une bonne action.

Clotilde n'a que dix ans, et déjà elle pratique la bienfaisance.

Depuis quelques mois, je la vois passer chaque jour, à la même heure, avec le même empressement; elle va soulager et consoler l'infortune[4].

Suivons-la. Elle s'arrête, elle entre dans une maison bien pauvre.

C'est une cave basse, humide, où se trouvent quelques meubles délabrés[5].

[1] Visage. — [2] Annonce. — [3] L'innocence. — [4] Le malheur. — [5] Usés, disloqués.

Une femme l'habite; son âge, ses infirmités la retiennent au lit; la misère, l'isolement l'affligent et augmentent son mal.

La petite visiteuse lui porte des aliments; elle la console et lui rend mille petits services.

Elle dresse son lit, nettoie l'aire, range les meubles, et cela avec une grâce et une gaieté qui charment la bonne vieille.

Puis elle lui fait une courte lecture, lui dit adieu et retourne chez elle reprendre son travail.

Elle reviendra demain, après-demain, tous les jours : c'est un ange consolateur pour la pauvre femme...

Cependant l'hiver était passé, et l'enfant ne sortait plus : la bonne vieille était morte.

Clotilde était toujours là, près de sa mère, et des larmes brillaient parfois dans ses yeux.

Et une voix intérieure, la voix de sa conscience, lui disait : *Console-toi, enfant; tu as secouru l'indigence, vénéré la vieillesse, et maintenant tu peux*

*goûter la légitime satisfaction d'avoir
été utile au malheur.*

---

70. — Monthyon.

En 1733, naquit à Paris le baron de Monthyon, philanthrope dont le nom est resté populaire en France.

Il entra dans la magistrature et s'y distingua par l'élévation de son caractère. Plus tard il fut nommé successivement intendant de Provence, d'Auvergne, d'Aunis. Dès 1775 il faisait partie du conseil d'État.

Possesseur d'une grande fortune, il s'en servait pour répandre autour de lui de continuels bienfaits.

Ce n'était pas assez encore; il voulut perpétuer ses œuvres par de riches fondations, et assurer pour l'avenir des secours au malheureux. Son dessein principal était d'encourager les bonnes actions, de susciter des dévouements. De généreuses fondations furent définitivement constituées par lui en 1816.

Chaque année, depuis cette époque,

l'Académie française, cette assemblée illustre, composée d'hommes éminents, d'écrivains distingués, décerne solennellement des récompenses au mérite et à la bienfaisance.

Des prix, qui s'élèvent jusqu'à 6,000 francs, sont attribués aux auteurs des meilleurs ouvrages de morale récemment publiés.

De nombreux *prix de vertu,* gradués de 500 à 3,000 francs, sont distribués aux personnes dévouées au soulagement des malheureux par bonté d'âme, par amour pour l'humanité.

Monthyon mourut en 1820, à l'âge de quatre-vingt-sept ans, laissant un impérissable souvenir de sa bonté, de sa bienfaisance, de sa sollicitude attentive pour les déshérités de la fortune.

---

71. — Les deux petits frères.

Deux enfants d'un laboureur jouaient et couraient sur la neige, près de leur demeure.

Un bois de sapins était à quelque distance

Ils s'y engagèrent, s'y perdirent, et, la nuit étant venue, ils ne purent regagner la maison.

Dès qu'on s'aperçoit de leur absence, on se met de tous côtés à leur recherche; on les appelle mille fois, mais inutilement; enfin on allume des torches et on parcourt la forêt dans tous les sens.

Après trois heures de recherches anxieuses[1], on trouva ces pauvres enfants tapis[2] dans un trou rempli de feuilles, et couchés l'un sur l'autre.

L'aîné, âgé de neuf ans, s'était dépouillé de sa petite veste et en avait couvert son jeune frère.

Vêtu d'un simple gilet, il s'était mis sur lui pour le réchauffer, au risque de périr lui-même, pendant toute une nuit humide et glacée.

Ils n'auraient pu résister si leur père n'eût eu le bonheur de les retrouver enfin, et de les ramener en toute hâte à la maison.

Il n'oublia jamais la tendresse d'Edmond pour son jeune frère.

Un frère est un ami donné par la nature : aimons-le de tout notre cœur.

----

[1] Pleine d'inquiétude. — [2] Blottis, cachés, abrités.

72. — Ne détruisez pas. (V. nº 9.)

Dans la nature, tous les êtres ne sont pas également jolis ; il en est même que nous trouvons laids et disgracieux.

Cependant, mes enfants, avant d'écraser l'insecte qui traverse le sentier, le reptile qui se cache sous la pierre, souvenez-vous des services qu'ils nous rendent.

Car les oiseaux ne sont pas les seuls à défendre et à préserver nos récoltes.

LE HÉRISSON fait la guerre aux petits rongeurs, aux souris et aux mulots notamment.

Il détruit beaucoup de limaces, de colimaçons, de mans, d'insectes nuisibles à l'agriculture.

LE CRAPAUD se nourrit de limaces et de fourmis. Il happe au passage au moins vingt insectes en une heure.

En Angleterre, les maraîchers achètent des crapauds et les mettent dans leurs jardins, pour protéger leurs légumes.

LE CARABE DORÉ, le GRILLON VERT se nourrissent de chenilles, de limaces et de hannetons.

— LA MUSARAIGNE détruit quantité de vers de terre ; elle est bien inoffensive, la pauvre bête !

LA CHAUVE-SOURIS saisit et dévore les hannetons, les papillons et autres insectes de nuit.

LA COCCINELLE ou *Bête au bon Dieu* fait disparaître nombre de pucerons.

LA COULEUVRE, LA BELETTE donnent la chasse aux souris et aux mulots.

L'ORVET poursuit les sauterelles et autres insectes ; il n'est point nuisible.

LA TAUPE détruit les mans, les larves, les courtilières et divers insectes ennemis de nos champs. Elle fait plus de bien que de mal.

Enfants, ne tuez pas ces animaux, à présent que vous savez qu'ils ont leur utilité.

---

73. Notre armée.

Entendez-vous retentir les tambours et les clairons ?

C'est un régiment qui passe.

Une musique entraînante marque la cadence alerte et vive.

Le sac au dos, le fusil sur l'épaule, nos soldats défilent prestement.

Voici le drapeau. Salut à lui !

C'est l'emblème de la patrie.

Tous ces hommes le comprennent; cette pensée soutient et anime leur courage au milieu des fatigues, des privations et des périls.

Voyez leur entrain et leur résolution, à la veille du danger !

Aujourd'hui la manœuvre, demain peut-être le combat.

Respect et amour à notre armée, la sauvegarde et l'espoir de la France!

N'est-elle pas le bouclier à l'abri duquel le commerce, l'agriculture, les arts, l'industrie peuvent fleurir et prospérer?

Dieu vous soutienne et vous garde, soldats, nos enfants et nos frères, sortis des entrailles mêmes de la nation, de tous les rangs de la société !

Honneur à vous, qui êtes vaillants dans la mêlée, humains et généreux après l'action !

Voyez! on vole à votre rencontre, on se porte sur votre passage, les enfants vous suivent en rangs pressés.

Bientôt ces enfants deviendront ce que vous êtes. Ils seront, comme vous, prêts à tous les sacrifices pour le bien et le salut de la France.

On se doit au service, à la défense, à la sécurité du pays.

Aimons et honorons le dévouement à tous les degrés, sous toutes les formes.

74. — Le marbre.

On désigne sous ce nom des *pierres calcaires* qui sont *susceptibles* de recevoir un

beau poli. Les matériaux de cette classe se
rencontrent dans presque tous les pays; mais
chaque lieu, chaque carrière, chaque lit de
la même carrière fournissent des variétés qui

différent entre elles sous bien des rapports, tels que la nuance, la vivacité ou la disposition des couleurs, la finesse du grain, la présence ou l'absence de *débris organiques* et *inorganiques*.

Dans tous les cas, tant que la surface des marbres est brute, leurs couleurs restent ternes et leurs *veines* mal tranchées; leur beauté n'est mise en relief que par le poli.

Les marbres sont quelquefois employés comme pierres à bâtir : c'est du moins ce qui a lieu, pour les variétés communes, dans les pays où abondent les carrières. Mais, en général, ils servent exclusivement aux ouvrages de sculpture et à la décoration des maisons et des monuments. Les plus beaux marbres de France sont ceux de la Côte-d'Or, de la Drôme, du Jura, des Vosges.

75 — L'ardoise.

L'ardoise est une roche argileuse, d'un ton noir ou violet plus ou moins foncé.

Elle est de structure lamelleuse et feuilletée, c'est-à-dire qu'elle se divise naturellement en lames ou plaques d'une épaisseur variable.

On exploite les carrières d'ardoise soit en creusant le sol à ciel ouvert, soit en traçant des galeries souterraines.

Les principales ardoisières de France sont celles d'Angers, des Ardennes et des Basses-Pyrénées.

Deux procédés différents sont employés

pour diviser les roches ardoisées : le *fendage*, au moyen du ciseau et du maillet ; le *sciage*, à l'aide d'une machine que peut diriger un enfant, et qui permet de tailler 700 ardoises à l'heure.

Certaines ardoises ont le grain très fin et sont employées dans les écoles, avec des crayons d'une substance analogue.

Mais la plupart des roches ardoisées sont plus rustiques[1], plus rugueuses[2]; on les emploie, comme la tuile, pour la toiture de nos habitations.

76. — Le travail.

Mes enfants, il faut qu'on travaille;
Il faut tous, dans le droit chemin,
Faire un métier, vaille que vaille,
Ou de l'esprit ou de la main.

La fleur travaille sur sa branche;
Le lis, dans toute sa splendeur,
Travaille à sa tunique[3] blanche,
L'oranger à sa douce odeur.

Voyez cet oiseau qui voltige
Vers ces brebis, sur ces buissons.
N'a-t-il rien qu'un joyeux vertige?
Ne songe-t-il qu'à ses chansons?

Il songe aux petits qui vont naître
Et leur prépare un nid bien doux;
Il travaille, il souffre peut-être,
Comme un père l'a fait pour vous.

[1] Résistantes. — [2] Couvertes d'aspérités. — [3] Vêtement.

77. — Le charbon de bois.

On obtient le charbon par la combustion incomplète ou *carbonisation du bois.*

Le transport en est beaucoup plus facile, le poids du charbon n'étant que le cinquième de celui du bois qui l'a fourni.

Au milieu des forêts, les bûcherons entassent le bois par couches inclinées; ils en forment des *meules,* ayant soin de ménager au centre un creux ou sorte de cheminée.

Sur le pourtour et à la base des meules, ils ménagent aussi de petits canaux ou *évents,* qui laissent pénétrer l'air dans le tas et communiquent avec la cheminée.

Chaque meule, terminée en pointe, est ensuite recouverte de feuilles et de mousse, puis d'une couche de gazon et de terre battue.

Dans le creux central on jette des morceaux de bois enflammés. Le feu se communique de proche en proche à toute la meule.

Quand la masse est à l'état de brasier et que la fumée, d'abord épaisse et noire, est devenue d'un bleu clair, on bouche les évents.

La combustion se ralentit[1], puis s'arrête :

---

[1] Devient *lente.*

le feu s'éteint entièrement, la carbonisation est opérée.

Au bout de quelques jours, quand la masse est refroidie, le charbon est mis dans de grands sacs pour être livré au commerce.

78. — Éclairage.

Nous avons souvent besoin d'une lumière artificielle, surtout pendant les longues nuits d'hiver. Cette lumière s'obtient communément par la combustion de l'huile ou du suif.

La graisse du bœuf et du mouton est fondue et coulée dans des moules de fer-blanc. Au milieu de chaque moule, qui a la forme d'un cylindre allongé, on a tendu une mèche de coton qui en excède la longueur et forme à la pointe une petite houppe.

C'est ainsi qu'on fabrique la *chandelle*, qui donne peu de lumière et oblige à enlever fréquemment l'amas charbonneux qu'on voit se former sur la mèche.

Si, par une série d'opérations chimiques, on débarrasse le suif de la partie liquide et grasse, on obtient un produit solide et consistant appelé *stéarine*, dont on fait de la *bougie*.

La fabrication de la bougie est à peu près semblable à celle de la chandelle ; mais il y a une grande différence dans la qualité des deux produits.

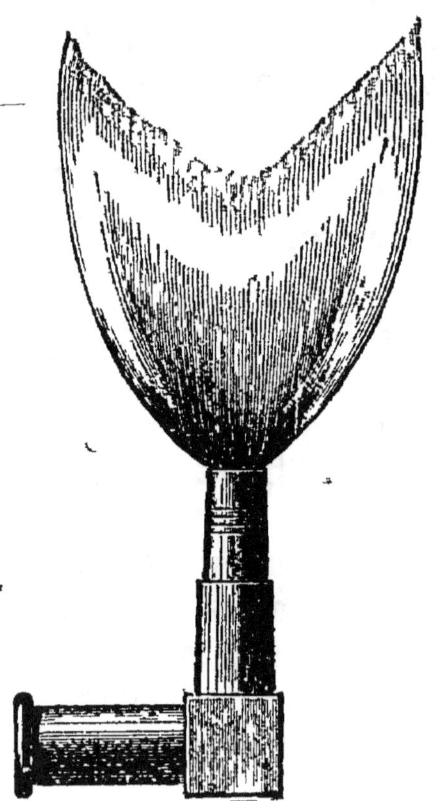

La bougie donne beaucoup plus de lumière ; toute la substance en est utilisée, et il n'est pas besoin d'écourter la mèche, qui se consume sans charbonner.

On emploie aussi pour l'éclairage les huiles végétales de colza, d'œillette, de chènevis, de noix ; le pétrole épuré ou *luciline*, qui est une huile minérale, est également usité, mais il offre des dangers et exige des précautions.

Dans les villes, le gaz extrait de la houille et même l'électricité sont des moyens puissants d'éclairage public et particulier.

79. — L'enfant.

Il est si beau, l'enfant, avec son doux sourire,
Sa douce bonne foi, sa voix qui veut tout dire,
Ses pleurs vite apaisés,
Laissant errer sa vue étonnée et ravie,
Offrant de toutes parts sa jeune âme à la vie,
Et sa bouche aux baisers !
[j'aime :
Seigneur, préservez-moi, préservez ceux que
Frères, parents, amis, et mes ennemis même,
Dans le mal triomphants ; [nouvelles,
De jamais voir, Seigneur, l'été sans fleurs
La cage sans oiseaux, la ruche sans abeilles,
La maison sans enfants !

(Victor Hugo.)

80. — Maximes à retenir.

Travaillez et méditez : le travail et la réflexion rendent bon et sage.

L'ignorance est elle-même un grand mal et la source d'un grand nombre d'autres.

Le premier pas vers le bien est de ne pas faire le mal.

Le véritable bien ne se trouve que dans le repos de la conscience.

L'auteur d'un bienfait est celui qui en recueille le fruit le plus doux.

Oubliez les injures, jamais les bienfaits.

Rendez le mal par le bien, jamais le bien par le mal.

L'ingrat ne jouit qu'une fois d'un bienfait; l'homme reconnaissant en jouit toujours.

Ne parlez jamais de votre bonheur devant un malheureux.

Rappelons-nous que le bavard se rend insupportable à tout le monde.

Qui ne sait rien a toujours besoin des autres et reste dans la dépendance de tout le monde.

L'ignorance et l'oisiveté sont les plus grands de tous les maux. C'est un terrain sur lequel naissent et croissent tous les vices et toutes les misères.

---

81. — L'élève studieux.

Un enfant, né de parents pauvres, désirait vivement de s'instruire.

Il rêvait jour et nuit au moyen d'y arriver.

On l'admit dans un collège en qualité de domestique.

Vous ne comprenez pas comment il pourra ainsi réaliser ses espérances?

Écoutez, enfants, et voyez ce que peut

celui qui veut sérieusement travailler à son instruction.

Son travail terminé, il se tenait près de la porte de la classe, écoutant les explications du professeur et prenant des notes.

Il fit des progrès rapides, malgré les difficultés sans nombre qu'il rencontrait.

On remarqua sa conduite, et on devina en lui un élève plein d'avenir.

Il fut admis gratuitement.

L'écolier redoubla d'efforts pour obtenir des succès, et témoigner ainsi sa reconnaissance envers ceux qui s'intéressaient à lui.

Au lieu de jouer pendant les récréations, on le vit souvent préparer ses leçons et les étudier.

Le froid, la pluie pénétraient quelquefois jusqu'à lui; mais rien n'affaiblissait sa constance ni son zèle.

Ce n'est pas qu'il fût d'un caractère sombre, ni que son orgueil l'éloignât de ses camarades.

Bien au contraire : il était vif et gai, d'humeur toujours égale, disposé à rendre service en toute circonstance.

Mais il avait un penchant irrésistible pour l'étude; ses condisciples le savaient, et, loin de lui en tenir rigueur, ils le chérissaient tous.

Cet enfant devint le savant Lagrange, qui

mourut jeune, mais à qui nous devons pourtant d'excellents ouvrages de mathématiques.

Un élève studieux devient presque toujours un homme honorable et distingué.

---

82. — Drouot à l'examen.

Antoine Drouot appartenait à une famille pauvre de Nancy et s'occupait, avec ses parents, au rude métier de la boulangerie.

Cet enfant était studieux, actif, intelligent : avec cela on peut tout.

Les moments de loisir, que les enfants saisissent avec tant d'avidité pour se livrer à leurs jeux, il les employait, lui, à l'étude, dont il faisait ses délices.

On le voyait, au milieu de ses frères, dans la chambre commune, étudier avec une ardeur infatigable, n'entendant même pas le bruit qui se faisait autour de lui : il était tout entier à son travail, rien ne pouvait l'en distraire.

D'ailleurs, ces précieux instants étaient rares, car, à peine rentré du collège, il lui fallait distribuer le pain chez les clients.

Le soir, la lumière s'éteignait de bonne heure, par économie. Cependant on lui permettait quelquefois de prolonger la veillée.

C'est alors qu'aux pâles rayons d'une petite

lampe, il étudiait jusqu'à une heure bien

avancée de la nuit, soufflant de temps en temps sur ses doigts glacés.

Dès deux heures du matin, il était debout.

C'était le moment où le travail domestique recommençait; il reprenait aussi le sien.

Mais la lampe, éteinte avant le jour, le laissait de nouveau dans les ténèbres.

Alors il s'approchait du four, ouvert et enflammé, et là il reprenait sa lecture...

C'était au mois d'août. Une brillante jeunesse se pressait à Metz dans une vaste salle de l'école d'artillerie : on passait l'examen pour l'admission à cette école.

La porte s'ouvre...

On voit entrer un jeune paysan, l'air ingénu, des souliers lourdement ferrés et un immense parapluie à la main.

L'assistance eut grande envie de rire et ne se contint qu'à demi.

On pensa qu'il y avait méprise. Mais le jeune villageois dit nettement qu'il venait pour subir l'examen. Ses concurrents s'en moquèrent assez ouvertement.

L'épreuve commence. Plusieurs candidats sont interrogés; vient ensuite le tour du jeune inconnu, sur lequel l'attention se porte plus que jamais.

Bientôt, à la curiosité succède l'étonnement.

Le paysan répond d'une manière remarquable. Les questions se succèdent, plus difficiles les unes que les autres, et les réponses ne se font pas attendre : elles ne sont pas d'un enfant, mais déjà d'un savant...

Cependant on ne l'interroge plus, on s'entretient avec lui, on le félicite. Un des examinateurs lui serre affectueusement la main.

Ses concurrents, témoins de son succès, l'admirent hautement et le portent en triomphe dans la ville.

Ce petit paysan devint le général Drouot, dont la science et la bravoure ont fait tant d'honneur à la France.

Enfants, c'est vous-même qui travaillez à votre avenir; il sera ce que vous l'aurez fait.

Gardons-nous de la moquerie; nous valons souvent moins que ceux dont nous serions tentés de rire.

---

83. — Mauvais écolier, mauvais ouvrier.

Vous avez vu à l'école des enfants dociles et appliqués. Le travail ne leur pesait pas, ils ne perdaient pas un instant.

On était content d'eux : c'étaient de *bons élèves*, et ce titre est certainement le plus flatteurs que puisse mériter un enfant.

Or Médéric était exactement tout l'opposé de ce que vous venez de lire.

Le temps arriva de choisir un état ; ce fut bientôt fait. Médéric n'avait pas l'habitude de réfléchir longtemps, quand il réfléchissait.

On n'avait pas été content de lui à la classe, on ne le fut pas davantage à l'atelier. Il fut congédié.

Il lui fallut essayer d'une autre profession ; il essaya si bien, qu'au bout de cinq ans il avait tenté d'apprendre dix métiers et n'en savait aucun.

Ses parents s'épuisaient pour fournir aux frais d'apprentissage, sans avoir la satisfaction d'arriver jamais à un résultat.

Il resta toujours à leur charge et ne parvint jamais à les dédommager des sacrifices qu'ils s'étaient imposés pour lui.

Lui-même, il était malheureux, car le *dégoût et l'ennui brisent l'âme et le corps, tandis que le travail développe les forces et l'intelligence.*

Il n'avait pas trente ans que déjà il reconnaissait la justesse de ce proverbe : *L'oisiveté ne marche pas seule ; elle traîne à sa suite la misère, le désespoir et la honte.*

84. — Bon écolier, bon ouvrier.

Il y a quelques années, un enfant quittait l'école pour entrer en apprentissage.

Il avait été bon élève, et on voyait chez lui toute une bibliothèque des prix qu'il avait remportés.

Dès sa plus tendre enfance, on avait remarqué en lui des sentiments honnêtes et délicats. C'était un gage de succès.

Il se dit : J'ai fait choix d'un état, je dois l'apprendre et m'y perfectionner ; ce sera toute ma fortune, puisque je suis pauvre ; et puis je dois penser à mes parents, qui se sont épuisés pour moi.

Le jeune apprenti se montra si sage, si actif et si intelligent, qu'au bout de deux années son apprentissage, qui devait en durer trois, se trouva complètement terminé.

Son patron lui accorda alors une paye proportionnée à ses forces.

On conçoit le bonheur du laborieux enfant. Mais c'est au bout du mois, en recevant son salaire, qu'il eut peine à contenir sa joie.

Les ouvriers présents, qui connaissaient le zèle et la douceur de leur jeune compagnon, l'entouraient et le comblaient de félicitations; car ils l'affectionnaient tous.

Chacun s'intéresse à un jeune homme laborieux, honnête et modeste.

Cependant à ses côtés se trouvait un autre apprenti qui était entré à l'atelier en même temps que lui, mais dont l'application et le zèle laissaient beaucoup à désirer.

Il y avait des larmes dans ses yeux; il semblait regretter son insouciance.

« Tiens, lui dit son généreux camarade, tiens, voici la moitié de ma paye; c'est un encouragement et non pas un secours; je te prie de l'accepter.

« Sois désormais attentif et vigilant[1], ce sera ma récompense. »

Et des applaudissements accueillirent cette action généreuse.

Il n'eut pas à se repentir, car le jeune apprenti se montra, par la suite, aussi attentif qu'il avait été jusque-là léger et inappliqué.

Heureux celui chez qui la modestie accompagne le talent.

Perfectionnez-vous dans votre profession, et vous deviendrez habiles.

Souvenez-vous que, le plus souvent, le changement conduit à la misère.

---

[1] Laborieux, actif.

85. — Tel est l'enfant, tel sera l'homme.

Enfants, ne perdez pas de vue que, dès à présent, vous préparez votre avenir.
— Vos qualités et vos défauts auront leurs conséquences nécessaires ; ils contribuent dès maintenant à vous faire une bonne ou une mauvaise réputation dans le monde.

Il faut donc que vous vous conduisiez, en toute occasion, de manière à mériter l'approbation des gens de bien, à rencontrer partout des mains amies, des esprits bien disposés.

Soyez laborieux ; tout y gagnera chez vous.

Montrez-vous réservés dans vos discours, calmes dans vos jeux, polis avec tout le monde, respectueux envers vos supérieurs.

N'oubliez jamais que l'honneur est une force et une consolation ; demeurez-lui fidèlement attachés.

De la sorte, vous serez chéris de vos parents, aimés de tous ceux qui vous connaîtront, et particulièrement des hommes de bien, qui vous offrent le modèle de ce que vous deviendrez un jour ; *car l'honnête enfant est un honnête homme qui n'a pas fini sa croissance.*

86. — Les poissons.

Les poissons de grande taille tiennent constamment la haute mer[1]; ils évitent les côtes, où ils pourraient échouer.

Et c'est heureux que leur instinct[2] les tienne

ainsi éloignés, car ils dévoreraient les autres poissons, plus petits, qui demeurent près de la côte et servent à notre alimentation.

Parmi ceux-ci, le turbot, la sole, le bar, la barbue, la plie, le merlan, l'anguille de mer sont les plus délicats.

[1] 'Au large. — [2] Aptitude naturelle, innée, qui dirige les animaux.

Les homards, les langoustes et les poupards recherchent les côtes rocheuses, où ils peuvent se cacher et se défendre.

Leur chair est très délicate.

Les harengs voyagent par bandes à des époques réglées.

Ils descendent de la mer du Nord, franchissent le détroit et longent les côtes de la Manche, où ils trouvent des vermisseaux[1] en abondance.

Ils forment parfois des phalanges[2] si serrées, que les pêcheurs remplissent à chaque coup leurs filets.

Ce poisson est très bon; salé ou sauré, il se conserve bien; c'est une ressource pour l'hiver.

---

87. — Le macadam.

Pour entretenir les voies publiques, on fait usage d'une pierre tantôt rougeâtre, tantôt d'un ton violet mêlé de bleu.

Cette pierre est très dure et convient bien pour construire de solides chaussées.

Sur les rives de l'Orne, elle existe en masses rocheuses très considérables, formées de couches obliques[3] qui s'enchevêtrent[4] quelquefois.

Avec la mine, la pioche et le pic, on l'ob-

[1] Vers très petits. — [2] Hordes, compagnies nombreuses. — [3] Inclinées. — [4] Entremêlées.

tient en fragments [1] plus ou moins volumineux.

Les plus réguliers sont taillés en prisme par des ouvriers souvent très habiles, et sont employés pour le pavage des villes.

Les autres sont brisés soit au maillet, soit à la mécanique, pour servir à la construction ou à l'entretien des routes.

Cette industrie est une précieuse ressource pour le pays ; *elle conduirait même à l'aisance si les ouvriers se faisaient une règle sage d'être toujours sobres et prévoyants.*

La pierre très dure, ainsi brisée, se nomme *macadam*, du nom d'un ingénieur écossais, Mac-Adam, qui a beaucoup contribué à en vulgariser [2] l'usage.

88. — Résine. — Poix.

Quand une déchirure est faite sur l'écorce du pin ou du sapin, il en découle une substance gluante [3] qui est la *résine*, facilement inflammable et dont on fait des torches.

L'écoulement est bien plus considérable si on fait des incisions [4] sur le tronc, dans le sens de la hauteur.

C'est ce qui se pratique dans les pays où croissent en grand nombre les arbres de cette espèce.

En distillant le suc résineux, on obtient

[1] Morceaux. — [2] Répandre. — [3] Qui file. — [4] Fentes.

l'essence de térébenthine ; le résidu, appelé colophane, sert aux musiciens pour enduire les crins de leur archet.

Si on brûle la paille qui a servi à la distillation de la résine, on a un produit qui est la poix noire, employée dans la cordonnerie.

Les arbres résineux trop vieux pour donner de la résine en quantité suffisante sont découpés, et la matière visqueuse [1] qu'on recueille est le *goudron*.

Mélangé avec du suif et de l'huile de poisson, il préserve de l'humidité la coque et les cordages des navires.

Il ne faut pas confondre ce goudron avec le goudron bitumineux provenant de la distillation de la houille, et dont les propriétés [2] diffèrent essentiellement.

89. — La somme retrouvée.

Un honnête fermier se disposait à aller payer son maître, qui habitait la ville située à quelque distance.

Il part de grand matin, et, par la route, il perd ses dix billets, qui s'élèvent à la somme de 1,000 francs.

Au moment de payer, il s'aperçoit de son malheur. Il avait pourtant enveloppé ses valeurs avec soin et avait cru les placer en lieu sûr.

Il ne les retrouvera certainement pas sur le chemin; car déjà bien des personnes ont fait le même parcours.

Les temps étaient durs; il avait eu bien de la peine à réunir une partie seulement de

[1] Gluante. — [2] Qualités.

la somme qu'il devait. Que va-t-il devenir ?
Son malheur est affreux...

Cependant un jeune ouvrier, qui se rendait
à son travail, avait vu sur la route un petit
paquet soigneusement plié ; l'ayant ramassé,
il fut curieux de savoir ce qu'il renfermait.

Il compte... Mille francs en billets de ban-
que !... Jamais il n'avait vu pareille somme.

Il enserre soigneusement ces billets et continue sa route. Arrivé à son chantier, il garde
un complet silence sur ce qui lui est arrivé.

Les grandes nouvelles vont bien vite. Aussi
la perte que le fermier venait de faire fut-elle
promptement connue ; elle se répandit avec
rapidité : chacun s'en entretenait.

Les compagnons du jeune ouvrier en par-
laient entre eux. Ce fut pour lui un trait de
lumière.

Il sait dès lors ce qu'il doit faire ; et, quittant son travail sans explication, il court chez
le fermier, qu'il trouve dans la consternation
avec toute sa famille.

On parlait déjà de vendre une partie du
mobilier.

« Tenez, dit l'honnête jeune homme, voilà
les mille francs que vous avez perdus. »

A tous les remerciements, à toutes les offres
qu'on lui fait, il répond :

« Ces billets ne sont pas à moi ; ils sont à
vous, je vous les rends. »

Le bien d'autrui ne doit jamais nous faire envie, si pauvres que nous soyons:

---

90. — Soyons honnêtes.

Un enfant venait d'être placé chez un homme riche qui habitait la ville.

Sa mère, veuve depuis plusieurs années, aurait bien voulu le garder auprès d'elle pour veiller sur lui, à cet âge où l'on a si grand besoin de conseils et de direction.

Mais elle était pauvre et infirme; son travail ne leur suffisait plus. D'ailleurs, son fils entrait dans une maison où il n'aurait que de bons exemples : elle pouvait donc se rassurer.

Son fils était poli, actif, d'humeur douce; il ne tarda pas à se faire aimer de ses maîtres; et, comme on le savait honnête, on avait confiance en lui.

Jamais, à aucune époque, il n'avait eu même la pensée de prendre une chose qui ne lui appartenait pas.

Pourtant, un jour voyant un élégant porte-monnaie qu'on avait oublié sur un meuble, il eut grande envie de se l'approprier : il lui en fallait un, justement, pour mettre ses petits profits.

Il l'ouvre et constate qu'il ne contient rien.

C'est de mieux en mieux, car il ne voudrait pas dérober [1] de l'argent.

La tentation fut forte ; pendant dix minutes, il délibéra s'il prendrait, oui ou non, le porte-monnaie.

En ce moment, il entend du bruit dans la rue ; il regarde... Deux jeunes gens passent, les mains garrottées [2], la honte sur le front : on les regarde avec mépris.

Bientôt ils entendront le juge prononcer ces terribles paroles : *Trois ans, cinq ans de prison. Honte à vous, exemple aux autres!*

Ce fut un trait de lumière pour l'enfant.

« Voilà donc, se dit-il, ce que je deviendrais! Et ma mère, oh! que dirait ma mère? Bientôt, l'un et l'autre, le chagrin nous ferait mourir. Mon Dieu! me voici éclairé. Je ne désire, je ne veux plus qu'une chose : *rester honnête.* »

L'honnêteté est le seul bien qui me fasse envie, celui qui doit nous rester après que les autres ont disparu.

---

91. — Bien choisir sa compagnie.

Un jeune homme quittait son village pour aller à la ville terminer son éducation.

« Mon fils, lui dit sa mère, vous avez un

---

[1] Prendre, ravir. — [2] Liées.

caractère doux, des manières honnêtes, une modestie qni prévient en votre faveur.

« Vous aimez le bien et vous fuyez le mal; vous haïssez le mensonge, que vous regardez avec raison comme la marque d'une âme basse et hypocrite.

« Mais, mon fils, tant de bonnes qualités, tant de soins pour votre éducation peuvent être perdus en un instant.

« Une mauvaise société peut vous les ravir pour toujours, mettre à la place des vertus les vices les plus déshonorants.

« Je dois donc maintenant vous expliquer les motifs de ma conduite, lorsque je vous forçai dernièrement à mettre, dans le même panier, un fruit gâté avec d'autres qui étaient sains.

« Il gâtera les autres ! » me disiez-vous. Et vous me trouvâtes déraisonnable. Vous fûtes bien aise enfin de me montrer, quelque temps après, l'effet de mon imprudence.

« C'est vous, mon fils, que je voulais instruire.

« Un cœur vicieux, au milieu d'une jeunesse vertueuse, la corrompra bientôt, si elle ne se tient sur ses gardes.

« Toute la précaution ici est dans le choix des amis, dans la crainte des mauvaises liaisons et dans une fermeté vigilante. Temporiser, c'est se perdre. »

Quand je saurai avec qui vous allez, je saurai ce que vous valez.

N'espérez pas de corriger les autres ; craignez plutôt qu'ils ne vous pervertissent.

---

92. — Maximes à retenir.

Élevons-nous toujours au-dessus des sentiments vulgaires, et notre âme sera calme.

Soyons toujours prêts à secourir nos parents ; vivons avec eux dans l'union la plus étroite, et nous serons heureux.

Montrons-nous généreux, humains, bienfaisants, et chacun nous aimera.

Taisons nos bienfaits, ne les reprochons jamais : nous les affaiblirions.

Ne trompons jamais qui que ce soit.

Disons la vérité ; tenons notre parole.

Ne disons rien sans réflexion.

Ne nous louons pas nous-mêmes.

Ne parlons jamais mal des personnes absentes ; soyons prudents avec celles devant lesquelles nous nous trouvons.

Ne perdons point de temps à des choses frivoles ; occupons-nous utilement.

Choisissons nos amis ; ne voyons que d'honnêtes gens ; usons de prudence avec les inconnus.

Ne demandons ni richesses ni grandeurs ; demandons plutôt la sagesse.

Évitons la passion du jeu ; pendant que le joueur dépense son argent, sa famille meurt de faim.

93. — Le père.

Enfants, aimez bien votre père !

Il dit : « Je veux que mes enfants soient heureux; c'est pour eux que je vis, pour eux que je travaille. Mon Dieu ! conservez-moi la santé et deux bons bras, pour que mes enfants ne manquent jamais de rien. »

C'est pour qu'ils soient plus éclairés et plus sages qu'il les fait instruire.

C'est pour qu'ils ne connaissent jamais le besoin qu'il pourvoit à leur apprentissage.

Il partage tout avec eux; et, s'il arrive qu'il ait quelque chose d'excellent et de rare, il le conserve et dit : « C'est pour mes enfants. »

Il est heureux de leur joie; il souffre de leurs douleurs.

Il n'est point de sacrifice qu'il ne soit disposé à faire pour eux.

Un homme avait beaucoup d'enfants; le pain était cher, et le salaire de la journée ne suffisait plus.

La misère régnait dans la maison. Les enfants souffraient, ils avaient faim.

Le bon père apprend que, dans une Faculté[1] voisine, on paye ceux qui veulent se faire saigner par des étudiants qui s'instruisent dans l'art de la médecine.

Il y va, tend ses deux bras, et deux fois son sang coule.

Puis, avec l'argent qu'il a reçu, il achète du pain qu'il porte à ses enfants. Et il était heureux, car ses enfants ne souffraient plus.

Ce n'est pas sans motif que des malheurs terribles fondent sur la tête de l'enfant qui abandonne ou méprise son père.

Enfants, rendez à votre père un peu de cet amour qu'il vous prodigue.

---

94. — La mère.

Une bonne mère est comme la providence[2] de sa maison.

Enfants, aimez bien votre mère !

Qui a pris si grand soin de votre existence ? qui a veillé de longues nuits près de votre berceau ? N'est-ce pas votre mère ?

A qui dites-vous encore vos chagrins avec tant de confiance ?

Qui sait si bien vous parler de Dieu, de vos devoirs, du bien qu'il faut faire, du mal qu'il

[1] École pour les hautes études. — [2] Intelligence qui veille à l'administration intérieure.

faut éviter ? N'est-ce pas encore votre mère ?

O mes enfants ! une mère, c'est un trésor de tendresse, c'est le symbole du dévouement.

Une mère était occupée dans l'intérieur de sa maison. Ses deux enfants, sortis depuis un instant, rentrent tout en pleurs.

L'aîné raconte que sa petite sœur a été mordue par une vipère, à l'entrée du bois.

« Mordue par une vipère ! grand Dieu ! dit la mère ; mon enfant va donc mourir ! »

Et, dans son trouble extrême, elle ne sait ce qu'elle est ni ce qu'elle va devenir.

Soudain une lueur d'espérance lui revient

au cœur. Elle a entendu dire qu'en faisant sucer la plaie par un animal, la blessure était guérie et l'animal périssait : elle croyait à cette erreur.

Mais où trouver promptement un chien dans ce quartier isolé? Cependant il n'y avait pas de temps à perdre.

« Une mère, dit-elle, ne peut hésiter à sauver son enfant. Ma fille, tu me devras deux fois la vie! »

Et elle applique sa bouche sur la plaie, et elle aspire le poison.

Le cœur d'une mère est un abîme de tendresse : enfants, chérissez votre mère.

---

95. — Le frère.

Vous étiez tout petit encore. On ne pouvait sécher vos pleurs; soudain paraissait un enfant, et vous vous taisiez, et la joie reparaissait sur vos traits, elle éclatait dans votre voix : cet enfant, c'était votre frère.

Quand on vous voyait courir sur le gazon du verger[1], devant votre petite maison, un enfant vous tenait par la main; il obéissait à votre volonté, vous étiez heureux avec lui : cet enfant, c'était votre frère.

Vous vous trouviez bien en sa compagnie; et s'il s'absentait, votre amitié le redeman-

---

[1] Enclos planté de pommiers.

dait à chaque instant. A son retour, c'était une joie inexprimable. Vous montriez alors quelques friandises, quelque primeur : c'est votre frère qui vous les avait données.

Plus tard, des méchants voulaient vous faire du mal : vous étiez faible et sans soutien !

Votre frère se présentait, et vos craintes étaient aussitôt dissipées.

Vous avez grandi, et votre frère est toujours là; c'est toujours votre meilleur ami : aimez bien votre frère.

Un homme avait éprouvé de grands malheurs : il avait perdu tous ses biens, la mort avait frappé sa femme dans la force de l'âge; deux petits enfants lui restaient, il leur fallait beaucoup de soins.

Les hommes l'abandonnaient; il était malheureux.

Mais son frère lui restait; il était même accouru pour le consoler, dès qu'il avait appris ses chagrins.

« Tu es mon frère, avait-il dit, comment pourrais-je t'abandonner?

« Viens dans ma maison avec tes deux enfants; nous vivrons ensemble, nous serons heureux.

« A la maison paternelle, nous partagions le pain, la joie, les peines, le travail; nous ferons de même encore, nos enfants en feront autant, et tu oublieras tes malheurs.

« Que diraient notre père et notre mère s'ils voyaient l'un de nous dans l'abondance et dans la joie, tandis que l'autre serait dans l'affliction et la détresse[1]?

« Quand j'aurai du plaisir, il sera plus vif, puisque tu le partageras avec moi.

« Si j'ai quelque jour des chagrins, ils seront moins amers, puisque tu les connaîtras et que tu y compatiras. »

L'union entre les frères fait l'éloge des parents.

---

96. — Fabrication des clous.

Les *clous forgés* se font avec du fer en verge de très bonne qualité.

Les tiges sont chauffées à blanc au foyer d'une petite forge.

L'ouvrier les saisit l'une après l'autre, les forge sur une petite enclume, coupe la longueur d'un clou, aplatit la tête et façonne la pointe sur un instrument appelé *cloutière*.

Il continue ainsi à diviser chacune des vergettes[2].

Ce travail se fait rapidement et avec dextérité[3]. Un bon ouvrier peut façonner de 15 à 20 clous par minute.

Les *clous d'épingle* ou pointes de Paris sont faits avec du fil de fer.

[1] Manque, privation. — [2] Tige très mince. — [3] Adresse.

On se sert ordinairement d'une machine pour cette fabrication. Les fils de fer lui sont livrés, elle les rend sous forme de clous entièrement finis.

Cette industrie occupe beaucoup de bras dans les Ardennes, où elle est aujourd'hui en état de soutenir la concurrence avec les produits de l'Angleterre et de la Belgique.

---

97. — Le petit cultivateur.

Rien ne semble devoir être plus heureux que l'état du petit propriétaire, possesseur d'un champ dont le produit dépasse un peu ses besoins.

Il est tranquille sur le présent et peut, par son économie et son travail, préparer l'avenir de ses enfants; il se montre d'autant plus laborieux que son travail est libre, qu'il se commande à lui-même, et que tous ses produits lui appartiendront.

Il faut le voir à l'œuvre! Avec quelle ardeur il attaque le terrain! comme il oublie les heures! comme sa culture est parfaite, en la comparant à celle des fermiers et métayers[1] voisins!

On ne peut passer auprès de ces petites fermes, si propres, si bien entretenues,

[1] Cultivateurs qui partagent le profit avec les propriétaires.

pleines d'habitants forts, bien nourris, bien vêtus, dont les champs sont en si bon état de culture, sans penser *qu'elles sont le séjour du bonheur simple et vrai.*

---

98. — Claire.

Claire possédait toutes les qualités qui rendent une jeune personne agréable.

Son [père perdit la vue; dès lors elle ne voulut plus vivre que pour le consoler, et dit adieu à tous les plaisirs du monde.

Elle ne quittait jamais l'aveugle, et cherchait à le distraire par l'enjouement[1] de sa conversation.

Quand il désirait sortir, elle lui disait :

« Appuyez-vous sur moi, mon bon père. »

Et elle le conduisait dans le jardin ou dans la campagne, pour lui faire respirer un air pur.

« Voici un champ de blé, lui disait-elle; les épis sont magnifiques; la récolte sera abondante cette année. »

Si on venait chercher Claire pour lui donner un peu de distraction, elle disait aussitôt:

« Et mon père? Que va devenir mon père?... »

Et la bonne Claire restait près de son père;

[1] Gaieté.

elle lui faisait alors quelque lecture et s'entretenait avec lui.

« Ma fille, disait quelquefois le bon vieillard, c'est pour moi que tu te prives des plaisirs dont on est si avide à ton âge?

— Je me trouve très heureuse, mon père; les privations ne seront rien pour moi, tant que le Ciel vous conservera à mon amitié. »

Les enfants bien élevés sont la consolation de leurs parents.

---

99. — La patrie.

Vous représentez-vous bien ce qu'est la patrie?

La patrie, mes enfants, c'est votre père, votre mère, que vous chérissez; ce sont vos frères, vos sœurs, vos amis, la grande famille française.

La patrie, c'est votre maison, votre champ, votre verger; c'est l'école où vous vous instruisez; c'est le temple où vous priez, le cimetière où reposent vos aïeux.

La patrie, c'est la commune, le canton, le département que vous habitez; c'est la France, avec ses grandes plaines, ses riants coteaux, ses belles et fraîches vallées, ses nombreux villages, ses villes somptueuses [1], son doux climat et son sol fertile.

Oui, la patrie, c'est notre belle France, avec sa générosité, sa foi antique, ses illustrations [2], son ancienne gloire. C'est aussi la France

[1] Belles et riches. — [2] Ses hommes illustres.

malheureuse, humiliée, vaincue, amoindrie.

La patrie est tout cela, mes enfants.

Et maintenant, ne sentez-vous pas combien vous l'aimez, combien vous lui devez?

Si donc vous l'aimez, et si vous voulez fermement lui être utiles un jour, commencez par aimer Dieu, la famille, le travail.

Instruisez-vous, soyez laborieux et sobres, afin d'être un jour éclairés, réfléchis, sains et robustes. Respectez tout ce qui est au-dessus de vous et contribuez à l'ordre, si nécessaire à notre société.

L'intempérant, l'homme oisif et dissolu sont incapables d'énergie et d'inspiration : ils ne savent qu'affliger la patrie.

Au contraire, l'homme actif et moral est ferme au travail, dur à la fatigue et brave sur les champs de bataille. L'idée du devoir, l'amour de la patrie inspirent et soutiennent son dévouement.

Vous n'oubliez pas, mes enfants, ce que nos cruels ennemis nous ont fait souffrir? Ils ont appauvri et ensanglanté notre cher pays; ils ont exigé l'argent que la France avait gagné par son travail; ils ont laissé périr de froid et de faim des milliers de nos soldats retenus prisonniers.

Ils nous ont arraché de belles provinces, des champs fertiles, de magnifiques forêts, des villes riches et populeuses, 300,000 familles qui pleurent leur ancienne patrie, qu'elles appellent toujours NOTRE CHÈRE FRANCE !

O enfants ! aimez votre famille et attachez-vous fortement à elle ; aimez et chérissez de toute votre âme cette grande famille qui se nomme la patrie française. —

100. — La Caisse d'épargne.

Gagner n'est pas tout, il faut aussi épargner.

Aujourd'hui toutes facilités sont données aux personnes prévoyantes et sages, qui peuvent, sans frais, sans déplacement, déposer leurs économies à la *Caisse d'épargne postale.*

Les dépôts se font au bureau de la poste, ou même, par correspondance, entre les mains du percepteur et des facteurs ruraux.

Vous-mêmes, enfants, vous pouvez préparer de longue main votre sécurité pour l'avenir.

La *Caisse d'épargne scolaire* recevra vos petites économies. Vous verrez même que les récompenses deviendront pour vous plus fréquentes, lorsqu'on saura le bon emploi que vous en faites.

Dix centimes une semaine, quinze la semaine suivante, ce sont des sommes insignifiantes en apparence.

Mais, au bout de l'année, ce sera 5 francs, 10 francs peut-être. A la fin de la période scolaire, à treize ans, quand vous quitterez

l'école pour apprendre un état, vous possé-
derez un petit *capital*, et, ce qui est plus précieux encore, vous aurez pris la bonne habitude de compter et d'épargner.

Plus tard, votre capital s'accroîtra dans la
même mesure que votre réputation.

Or, une bonne renommée, n'est-ce pas un
autre capital que rien ne peut remplacer ?

---

101. — De la rédaction.
(V. nos 38, 39, 102, 122.)

« Depuis une demi-heure, Eugénie, je vous
vois toute bouleversée. Je lis sur votre visage
que vous êtes mécontente de votre travail et
de vous-même. Encore un mauvais devoir !

« Le sujet n'était pas à votre gré ? Il en est
ainsi chaque fois ; l'exercice de rédaction fait
votre tourment !

« Et à qui vous en prendre, si ce n'est à
vous, et à vous seule ?

« Il y a quelques jours, je faisais ressortir
les avantages que l'on retire d'une bonne
leçon de lecture. Quel profit avez-vous fait de
mes réflexions ? Aucun, et je comprends
votre confusion et vos larmes.

« Le livre, vous disais-je, nous apprend à
penser, à parler, à exprimer nos idées avec
correction. Par de bonnes lectures, nous re-
cueillons sans effort, sans peine et tout na-

turellement, les matériaux que nous retrouverons au jour du besoin.

« Les idées et les mots se présentent alors comme d'eux-mêmes à notre esprit, et nous n'avons plus qu'à les fixer sur le papier.

« Tout cela est vrai; mais ce qui est également vrai, c'est que les meilleurs avis demeurent inutiles si on ne les met pas en pratique.

« Quelques instants de réflexion vous auraient suffi pour tracer un plan, un cadre du sujet proposé; et, en moins d'une demi-heure, vous eussiez eu la satisfaction de présenter un bon travail.

« Je veux bien vous aider cette fois encore, persuadé que vous montrerez dorénavant plus de bonne volonté. »

---

102. — De l'obéissance dans la famille.
(V. n°s 38, 39, 101, 122.)

« Tel est le sujet que vous aviez à traiter. Cherchons ensemble ce qu'on peut bien dire de sensé à ce propos.

1° L'enfant n'a pas sa pleine raison; il manque d'expérience, de réflexion, de prévoyance.

Ses parents, eux, sont expérimentés, sages et réfléchis. Qu'il s'en fie à eux pour sa direction et qu'il obéisse.

2° Votre père, votre mère vous aiment; c'est pour

vous qu'ils travaillent; vous êtes l'objet de leurs conti-
nuelles préoccupations.

De là naît le devoir de reconnaissance, de confiance et d'obéissance.

3° On doit le bon exemple, l'exemple de la soumis-
sion à ses frères, à ses sœurs.

Obéissez avec empressement; prévenez même les désirs de vos parents. Que serait une famille où le principe d'autorité serait méconnu?

« Voilà les idées principales, trouvées et rangées dans un ordre naturel. Il ne reste plus qu'à les exprimer avec simplicité, avec clarté, en les complétant par les idées secondaires qui s'y rattachent.

« Que vos phrases soient courtes, la ponctuation correcte. Il faut que vous puissiez distinguer sans peine les différentes propositions que renferme chaque phrase, et chacune des parties qui composent chaque proposition (sujet, verbe, compléments).

« Et maintenant, relisez attentivement, plusieurs fois s'il est nécessaire; corrigez ce qui est défectueux, incorrect, et ne laissez pas une seule faute d'orthographe. »

---

102 bis. — Le page.

Frédéric II, roi de Prusse, appela un jour l'un de ses pages pour lui donner des ordres.

Voyant que personne ne venait, il se leva,

ouvrit la porte et vit son page endormi. Il se disposait à le réveiller quand il aperçut un bout de papier qui sortait de la poche du dormeur.

Cédant à la curiosité, il prend doucement le papier et le lit : c'est une lettre adressée au jeune page, et dans laquelle sa mère le remercie des secours qu'il lui a fait tenir.

Ce jeune homme, en effet, envoyait régulièrement à sa mère une bonne partie de ses gages, l'assurant bien qu'il était heureux de lui témoigner ainsi son dévouement et son affection.

Il devait en être récompensé : *les faveurs ne manquent pas à celui qui vient en aide à ses parents.*

Le roi, touché des lignes qu'il vient de lire, court chercher dans son secrétaire un rouleau de pièces d'or, qu'il place avec la lettre dans la poche du bon fils; puis il rentre dans son cabinet.

Un instant après, il appelle de nouveau, mais si fort que, cette fois, le jeune page arrive tout bouleversé, ne sachant trop comment s'excuser.

Dans son émotion, il porte la main à sa poche. O surprise! il touche, il voit le rouleau, et ne sait comment il s'en trouve possesseur.

Il se trouble, il pâlit, il se sent perdu;

quelqu'un, pense-t-il, a voulu le compromettre.

« Ah! Sire, s'écrie-t-il, en se jetant aux pieds du roi, on veut me perdre; je ne sais qui a mis cet or dans ma poche... Que deviendra ma pauvre mère! Elle n'a que moi pour soutien!

— Ne crains rien, dit le prince avec bienveillance; envoie ce rouleau à ta mère, et dis-lui que je prendrai soin d'elle.

« Tes sentiments me touchent : tu es un bon fils, et je t'accorde ma confiance. »

La douleur du page s'était changée en une véritable joie.

Rien ne contribue davantage au bonheur que l'assistance affectueuse donnée par un fils aux auteurs de ses jours.

---

103. — Fonds publics.

L'argent est plus en sûreté à la Caisse d'épargne qu'à la maison; là du moins il ne risque pas d'être dépensé inutilement, et de plus il produit intérêt.

Mais on ne peut avoir plus de deux mille francs en dépôt à la Caisse d'épargne. Où placer ses économies si elles s'élèvent au-dessus de ce chiffre ?

C'est ce que nous allons examiner.

On peut les placer en *rentes sur l'État*, soit en titres *au porteur*, soit en titres *nominatifs*.

La somme déposée à la Trésorerie du département, directement ou par l'intermédiaire des percepteurs, est productive d'intérêt et donne environ quatre pour cent.

Les obligations de chemin de fer, du Crédit foncier sont aussi de bonnes valeurs, qui produisent à peu près les mêmes intérêts.

Des sociétés de crédit, établies dans toutes les villes, se chargent de l'achat et de la vente de ces obligations moyennant une faible remise.

Ainsi les économies réalisées produisent elles-mêmes intérêt pendant que l'épargnant travaille et gagne de son côté.

Comment l'ouvrier n'arriverait-il pas à se créer une honnête aisance !

L'épargne est la sauvegarde de l'avenir.

---

103 bis. — Les deux voyageurs.

Le compère Thomas et son ami Lubin
Allaient à pied, tous deux, à la ville prochaine.
   Thomas trouve sur son chemin
   Une bourse de louis pleine.
Il l'empoche aussitôt. Lubin, d'un air content,
Lui dit : « Pour nous la bonne aubaine !

— Non, répond froidement Thomas, [rent.»
Pour nous n'est pas bien dit; *pour moi*, c'est diffe-
Lubin ne souffle plus; mais, en quittant la plaine,
Ils trouvent des voleurs cachés au bois voisin.
　　Thomas tremblant, et non sans cause,
Dit: «Nous sommes perdus! — Non, lui répond Lubin,
Nous n'est pas le vrai mot; mais *toi*, c'est autre chose.»
Cela dit, il s'échappe à travers le taillis.
Immobile de peur, Thomas est bientôt pris :
　　Il tire la bourse et la donne.

Qui ne songe qu'à soi, quand la fortune est bonne,
　　Dans le malheur n'a pas d'amis.

(FLORIAN.)

104.— Ne point méconnaître ses parents.

Par son talent et sa bonne conduite, un militaire, fils d'un pauvre paysan, était parvenu
à un grade élevé.

A cette époque, presque tous les officiers
de l'armée appartenaient à des familles riches;
on supposait généralement que, lui aussi, il
était issu d'une illustre maison.

Il n'avait pas oublié ses parents, à qui il
écrivait souvent des lettres fort touchantes.

Aussi était-ce avec un véritable orgueil
que son père parlait de lui; et il en parlait
souvent.

Un jour cet heureux père, vêtu selon la

mode du pays, alla voir son fils dans la ville
où celui-ci tenait garnison.

Il en est peut-être qui auraient été fort em-
barrassés de cette visite : le brave officier
s'en réjouit sincèrement.

Il reçut son père avec les marques d'une grande joie et d'un respect affectueux.

Après avoir passé deux jours délicieux en sa compagnie, il ne voulut pas le laisser partir sans le présenter à son colonel.

Il le lui présenta, en effet, tel qu'il était venu, en sabots, avec des habits d'étoffe grossière.

Le colonel remarqua avec quel bonheur ce bon fils appuya sur ces mots : « C'est mon père; c'est celui qui a consumé ses forces afin de pourvoir à mon éducation; celui dont l'affection m'est chère, et à qui je ne donnerai jamais assez de preuves de ma reconnaissance. »

Le colonel était un homme de cœur; il apprécia beaucoup de si bons sentiments et informa le roi de ce qui s'était passé.

Louis XIV fit venir l'officier, et, lui tendant la main, il lui dit : « Je suis bien aise de connaître le plus honnête homme de mon royaume.

« Je vous accorde trois mille francs de pension, et, quand vous aurez des enfants, j'aurai soin d'eux : vous méritez qu'ils vous ressemblent. »

Un fils reconnaissant inspire le plus vif intérêt : on l'estime et on l'aime.

105. — Respect filial.

La bénédiction d'un père porte bonheur.

Quand nous n'aurions que cette seule raison de nous appliquer à la mériter, nous ne devrions rien négliger pour y parvenir.

Mais c'est aussi notre devoir, et les hommes les plus éminents se sont toujours plu à montrer de l'amour et du respect pour leurs vieux parents. Tous ces témoignages de pieuse affection doivent augmenter à mesure que nos père et mère avancent en âge.

Un savant du plus grand mérite, Laurent de Jussieu, avait coutume d'aller tous les ans dans sa ville natale, où vivait encore sa mère, qu'il vénérait profondément.

Sa mère lui avait été longtemps conservée, parce qu'il était bon fils.

A son arrivée, il se rendait directement auprès d'elle, et, mettant un genou en terre, il baisait respectueusement cette main qui avait conduit ses premiers pas.

Il ne se relevait que quand cette heureuse mère avait appelé les bénédictions d'en haut sur la tête de son fils bien-aimé.

Puis venaient de délicieux moments, pendant lesquels ils se rappelaient avec bonheur les particularités du passé; et de douces larmes coulaient de leurs yeux.

Longtemps à l'avance, l'un et l'autre avaient pensé au jour si désiré où devait s'accomplir cet acte de pieuse soumission.

Et l'heureuse mère trouvait dès lors la vie plus douce, et le bon fils partait heureux d'avoir reçu une nouvelle bénédiction; car *ce qu'une mère bénit, Dieu le bénit.*

Enfants, conduisez-vous de telle sorte que vos parents se sentent heureux rien qu'à votre pensée.

---

106. — Trait de piété filiale.

Un volcan vomissait des matières embrasées, qui coulaient sur les flancs[1] de la montagne; de violentes secousses achevaient de répandre partout la terreur et l'effroi.

Chacun tâche d'arracher ses richesses à la fureur du torrent.

Le riche, accablé sous le poids de son or, le pauvre, chargé d'un fardeau moins précieux, cherchent également leur salut dans la fuite.

Cependant, ô hommes avares, n'avez-vous point à sauver des objets plus chers que vos meubles et vos troupeaux?

Jetez les yeux sur ces deux frères; ils ne connaissent, eux, d'autres richesses que leur père, que leur mère.

[1] Pentes.

Les voici qui emportent ce pieux trésor et marchent à travers les laves, comme si le feu dût respecter leur dévouement.

A chaque instant le danger augmente;

vingt fois la mort menace de les atteindre.

Ils voient tomber et disparaître pour toujours ceux qui marchent à leurs côtés.

Mais leur courage demeure inébranlable : une seule pensée les anime, un seul désir les excite, *sauver leurs vieux parents.*

Enfin ils arrivent en lieu sûr et déposent leur précieux fardeau.

La postérité devait conserver le souvenir d'une si belle action, et deux villes se disputent encore aujourd'hui l'honneur de leur avoir donné naissance. L'une et l'autre en parlent avec admiration.

Enfants, vous n'avez rien de plus cher que votre père et votre mère.

---

107. — Travailler quand on est jeune.

Ce sont les sots qui disent que la jeunesse est faite pour qu'on s'amuse. Le jeune âge est fait pour qu'on y prenne de bonnes habitudes, qui puissent être utiles pendant le reste de la vie, et pour qu'on acquière ces connaissances grâce auxquelles nous pouvons remplir honorablement la carrière que nos aptitudes nous feront choisir.

C'est à cela qu'il convient de songer avant tout, d'autant plus que le bonheur n'est point incompatible avec le bon emploi de la jeunesse. Bien au contraire; les jeunes gens dont la vie est un mélange d'occupations et de plaisirs simples ont, en somme, plus de jouissances que les jeunes gens dissipés. Ce sont les occupations utiles qui font goûter les moindres délassements; les divertissements ne sont autre chose qu'une broderie sur un fond d'ennui.

108. — Sage prévoyance.

DAVID. — Les temps sont difficiles, la vie est chère, les charges sont lourdes. C'est à peine si le salaire y suffit.

ANDRÉ. — Le temps, la santé, l'argent, sont choses précieuses. Il faut en user sagement.

DAVID. — Il n'importe pas moins de n'en pas manquer; or les nécessités contraignent.

ANDRÉ. — Celles qui s'imposent, oui; et celles-là, il faut les accepter résolument.

Ainsi en est-il de l'entretien de sa famille, du payement des impôts, dont l'État aura toujours besoin pour assurer la sécurité générale et le fonctionnement régulier des services publics.

DAVID. — Toutes les charges n'impliquent-elles pas l'obligation d'y satisfaire?

ANDRÉ. — Pas toutes, et il faut distinguer. Trop souvent on s'en crée d'inutiles; pour celles-là, rien n'oblige. On sait, par exemple, que l'usage du tabac est nuisible à la santé. Dès lors, à quoi bon dépenser pour cet objet?

DAVID. — Les habitudes ont leurs exigences.

ANDRÉ. — Excellente raison pour n'en pas contracter de mauvaises.

Le tabac vous prend chaque jour au moins

10 centimes. Le petit verre coûte pour le moins autant. Les passe-temps du dimanche prennent aussi sur la bourse. En moyenne, c'est au moins 30 centimes par jour de dépense inutile.

David. — C'est peu.

André. — C'est beaucoup, au contraire ; c'est une heure de travail. Comptons bien : 30 centimes par jour font 9 fr. par mois, à peu près 108 francs par an. Placez cette somme chaque année à la caisse d'épargne, et vous aurez douze cents francs d'économies au bout de dix ans.

N'aurait-on pas ainsi une réserve pour les temps d'épreuve, une ressource pour la vieillesse? N'est-ce rien que l'ordre et l'économie introduits dans une maison, la paix et la santé entretenues au sein de la famille?

David. — Vous parlez de la vieillesse, et si peu d'hommes y parviennent!

André. — Il y en aurait bien davantage sans les excès commis, sans le funeste usage de l'*eau-de-feu*, comme l'appellent les Indiens.

C'est bien à tort que nous l'appelons eau-de-vie, alors qu'elle conduit une foule de malheureux à la ruine, à une mort prématurée.

David. — Il ne faut rien exagérer.

André. — Je n'exagère pas ; le mal est très profond et très réel. L'eau-de-vie dessèche et use l'estomac, qui bientôt ne digère plus. Le buveur mange peu, travaille moins, meurt jeune et laisse peu de regrets.

Ordre, économie, santé, sobriété, paix :

toutes choses qui vont ensemble et qu'on rencontre rarement séparées.

---

109. — La dette acquittée.

Un jeune peintre, arrivé de Modène et manquant de tout, pria un pauvre artisan[1] de lui trouver un gîte à peu de frais; l'artisan lui offrit le sien.

On cherche en vain de l'ouvrage pour cet étranger; son hôte ne se décourage point, il le défraye[2] et le console.

Le peintre tombe malade; l'artisan se lève plus matin et se couche plus tard, pour gagner davantage et fournir, en conséquence, aux besoins du malade, qui avait écrit à sa famille.

Il le veilla pendant tout le temps de sa maladie, qui fut longue, et pourvut à toutes les dépenses nécessaires.

Quelques jours après sa guérison, l'étranger reçut de ses parents une somme assez considérable et voulut payer l'artisan :

« Non, Monsieur, lui répondit celui-ci; c'est une dette que vous avez contractée envers le premier honnête homme que vous trouverez dans l'infortune.

« Je devais ce bienfait à un autre; je viens

---

[1] Qui exerce un métier. — [2] Pourvoit à la dépense.

de m'acquitter; n'oubliez pas d'en faire autant
dès que l'occasion s'en présentera. »

*Les pauvres ont plus de mérite encore que
les riches à exercer la bienfaisance.*

---

110. — La haine.

Deux villageois vivaient paisiblement dans
leur demeure, cultivant chacun le patrimoine[1]
de ses ancêtres.

Ils étaient voisins, et, après le travail jour-
nalier, ils s'entretenaient ensemble, l'hiver au
coin du feu, l'été sous les grands arbres, au
bord du chemin : c'étaient deux amis, toujours heureux de se rencontrer.

*On n'augmente pas son bonheur en aug-
mentant ses biens.*

Un verger se trouvait à vendre; il conve-
nait aux deux laboureurs. Le fonds en était
excellent, les arbres étaient vigoureux, et le
poisson abondait dans l'étang.

Dès lors nos amis s'observèrent. Ils devin-
rent moins communicatifs[2], plus réservés. Ils
n'osaient s'avouer leur pensée. Tous deux
voulaient le verger, un seul l'eut pourtant.

De ce moment la haine entra dans leur
cœur; elle ne leur laissait aucun repos, aucune trêve : ils en étaient malheureux.

[1] Bien qu'ils tenaient de leurs parents. — [2] Par-
lèrent moins ouvertement.

Quand ils se rencontraient, ils détournaient la tête avec dédain, ou bien ils se lançaient des regards pleins de colère.

La haine est un des principaux obstacles au bonheur des hommes.

Un jour, le nouveau propriétaire du verger était absent, son fils en profita pour se promener sur l'étang, dont les eaux étaient profondes.

Il descend dans la petite nacelle et fait mille étourderies qui montrent assez son imprudence.

Le voisin se promenait silencieux dans son jardin; il paraissait soucieux et jetait de temps à autre un regard d'envie sur le verger, situé à peu de distance.

Il était triste, et la vie, si douce autrefois, lui semblait pesante et amère.

La haine trouble l'esprit; elle ronge le cœur et détruit la santé.

Tout à coup il entend des cris perçants; il écoute...

Il n'en doute plus, le fils de son ennemi est en péril. La mort le menace. « Mon ennemi, dit-il, sera dévoré de chagrin; je serai vengé!...

« Pourtant c'est ce pauvre petit Alexandre, que j'ai fait sauter tant de fois sur mes genoux; d'ailleurs, ne dit-on pas que, *pour guérir de la haine, il faut faire du bien à son ennemi.*

« Allons, faisons une bonne action ! »

Et il vole au secours de l'enfant, qui disparaissait déjà sous les eaux. Il l'en retire après avoir lui-même couru le plus grand danger.

Quelques instants après, il avait le bonheur de le rendre à sa mère.

Il rentre chez lui le cœur content, la joie sur le visage : il a fait du bien, la haine a disparu.

Et les deux voisins se réconcilièrent ; dans la suite, on les vit toujours empressés à se venir mutuellement en aide.

---

111. — La réconciliation.

Deux frères, tendrement unis dans leur enfance, s'étaient divisés à l'occasion de la succession de leur père.

Ils se disputaient un champ.

Leurs cœurs s'étaient aigris [1], des paroles offensantes étaient sorties de leur bouche, et ils étaient malheureux de leur querelle et de leur haine.

L'un d'eux alla trouver un homme sage et de bon conseil, auquel il raconta ses préoccupations [2].

« Cette pièce de terre est à moi, dit-il ; mon frère la réclame : je ne puis pourtant abandonner mon bien.

[1] Irrités. — [2] Ses soucis.

— Combien rapporte ce champ? demanda le magistrat prudent et conciliant.

— Quarante francs par an, à peu près.

— Quarante francs!... Que peut-on acheter avec cette somme? un habit, un meuble?

— Sans doute.

— On pourrait peut-être en acheter quelque chose qui vaudrait mieux.

— Et quoi donc?

— Si, avec cette somme, vous pouviez vous assurer un bon ami, qui vous aiderait dans le besoin, qui viendrait s'asseoir à votre foyer, qui vous donnerait un coup de main pour faire la moisson, rentrer la récolte, est-ce que cela ne vaudrait pas bien quarante francs?

— Oui, certainement.

— Eh bien! pour gagner quarante francs, vous perdez en ce moment ce qui vaut beaucoup mieux. Vous perdez un frère qui a été l'ami, le compagnon de votre enfance, qui a été pressé dans les bras d'une même mère, qu'un même père a nourri de ses sueurs.

« Pour quarante francs, vous perdez la joie et la tranquillité de votre vie; pour moins peut-être, vous pouvez gagner tout cela en vous prêtant à de mutuelles concessions.

— Je crois que vous avez raison; mais mon frère?...

— Il partage cet avis, » dit le frère, qui se

trouvait dans la pièce voisine et avait tout entendu.

Et il y eut un moment de touchante réconciliation; et la bonne intelligence[1] ramena le bonheur chez chacun d'eux.

Qui sera notre ami, si ce n'est notre frère? — La haine entre les frères est la douleur des parents.

112. — Maximes à retenir.

Se coucher de bonne heure et se lever matin sont les meilleurs moyens de conserver sa santé, sa fortune et sa sagesse.

Celui qui vit d'espérance court grand risque de mourir de faim. Point de profit sans peine. Un métier vaut un fonds de terre; une profession nous procure honneur et profit.

Labourez votre champ pendant que le paresseux dort, et vous aurez du blé pour vous et pour les acheteurs.

Travaillez pendant les heures que vous avez aujourd'hui, car vous ignorez les empêchements qui peuvent vous survenir demain.

Levez-vous avant le jour, et que le soleil, en regardant la terre, ne dise point : « Voilà un lâche qui sommeille. »

[1] Entente, amitié, bons rapports.

La besogne[1] est rude, et vous êtes faible peut-être ; mais sachez vouloir et persévérer, et vous verrez s'accomplir des merveilles : goutte à goutte l'eau ronge la pierre.

La paresse engendre des désordres, et le loisir inutile engendre des chagrins.

---

113. — Pour prendre un parti.

On est souvent embarrassé quand il faut prendre une résolution grave, parce qu'il y a toujours des raisons *pour* et des raisons *contre.*

L'important est de les peser toutes, et de voir quelles sont celles qui l'emportent définitivement sur les autres.

Franklin nous dit qu'après avoir bien réfléchi, il prenait une feuille de papier qu'il partageait en deux colonnes.

Dans la première il inscrivait les motifs *pour ;* dans la seconde, les motifs *contre.*

Il les comparait ensuite : si deux raisons opposées lui paraissaient équivalentes, il les supprimait l'une et l'autre ; si une raison en balançait à peu près deux autres, elles étaient retranchées à leur tour.

Poursuivant ainsi la comparaison, il arrivait

[1] Travail, labeur.

à connaître de quel côté restait l'avantage.

Deux ou trois jours encore il réfléchissait sur la question à l'examen, et si rien ne venait modifier son précédent travail, il prenait enfin une détermination.

« En fait, ajoute-t-il, j'ai retiré de sérieux avantages de cette méthode, et je l'indique à qui en voudra faire l'essai. »

---

114. — L'ouvrier bienfaisant.

Voici une maison d'où s'échappent des sanglots. Oh! il y a là une famille bien malheureuse!

C'est une pauvre veuve que son travail seul faisait subsister; ce sont de petits enfants qui demandent du pain.

Cependant il n'y a plus de travail, la pauvre mère est malade; il n'y a plus de pain, toute la misère de ces enfants n'est pas connue des âmes bienfaisantes.

Et puis, quand on s'est toujours suffi, il est bien pénible d'implorer la pitié: on souffre longtemps auparavant.

Un ouvrier passe; il se rend à son chantier, emportant ses provisions pour la journée.

Il suit son chemin d'un air calme et serein.

Des plaintes déchirantes ont frappé son oreille : il regarde... Ce sont des enfants qui ont faim, de petits enfants qui n'ont plus leur père pour les nourrir, pour les protéger.

Pauvres enfants ! leur mère est malade, leur mère, si bonne, qui les faisait vivre. —

Il en a lui-même, des enfants ; il les aime beaucoup, et son bonheur est de les voir contents et heureux.

Si un jour, eux aussi, ils n'avaient plus de père pour les aimer, leur donner du pain et le baiser du soir ! Si leur mère, brisée par la douleur, ne pouvait plus les consoler, les nourrir !...

A cette pensée, ses yeux s'emplissent de larmes ; il caresse ces pauvres petites créatures, qui paraissent se confier à lui, qui l'aiment déjà, qui l'introduisent dans leur demeure.

Là une pauvre femme souffre, le mal la consume. Ses enfants l'entourent ; elle les chérit, et pourtant on voit qu'ils lui brisent le cœur : elle sait qu'ils ont faim !

« Tenez, pauvres enfants, dit le bienfaisant ouvrier, voici mes provisions ; j'aurai meilleur appétit ce soir. »

Et il sort content de ce qu'il vient de faire.

Le soir, comme il revenait de son travail,

on le vit entrer dans cet asile de la souffrance et y laisser la moitié de sa paye.

Et jamais sa famille n'avait été plus heureuse que lorsqu'elle apprit le bien qu'il avait fait ce jour-là.

Soulageons les pauvres dans leur détresse : ce devoir porte en soi sa récompense.

---

114 bis. — Honneur et délicatesse.

Quelques marchands de Lyon auraient voulu faire augmenter le prix des denrées [1], afin de réaliser de gros bénéfices. C'était une détestable pensée : faire souffrir les pauvres gens pour grossir ses trésors!...

Ils comptaient sur le concours du gouverneur de la ville, auquel ils soumirent leur projet et firent de riches promesses.

« Revenez demain, » leur dit-il.

Et, en se retirant, les solliciteurs laissèrent une bourse contenant cinq mille francs.

Le lendemain, ils ne se firent pas attendre.

« Messieurs, leur dit le gouverneur, j'ai pesé vos raisons; je ne les ai pas trouvées justes et ne puis les admettre.

« Quant à votre offrande, je l'ai distribuée

[1] Produits qui entrent dans notre alimentation.

aux deux hôpitaux de la ville; je n'ai·pas dû croire que vous en voulussiez faire un autre usage.

« J'ai compris également que, puisque vous êtes en état de faire de telles largesses, vous ne perdez pas, comme vous le dites, dans votre commerce. »

Il savait que, *pour rien au monde, on ne doit manquer à l'équité et à l'honneur.*

115.

Trois siècles plus tard, la même ville fut ravagée par une inondation terrible. Plusieurs rivières, grossies par des pluies torrentielles, avaient débordé et renversaient tout sur leur passage.

Les maisons s'écroulaient et disparaissaient sous les eaux.

Le chef de l'État veut consoler ces malheureuses populations. Il vole au milieu d'elles et leur distribue des consolations et des secours.

Il se trouvait beaucoup d'infortunés que le fléau avait dépouillés de tout en un instant.

Une pauvre femme reçoit trois pièces d'or.

Elle demande à un de ses voisins ce que cela signifie.

« C'est pour vous aider à rétablir votre maison, lui répondit celui-ci.

— Mais ma maison est debout, Dieu merci; je ne puis donc garder cet argent. »

Et aussitôt elle va le porter à une pauvre famille qui n'avait plus d'abri.

C'est un bonheur bien doux que de venir en aide à un plus malheureux que soi.

Le plaisir de faire du bien n'est pas réservé seulement aux riches.

---

116. — Soufre. — Ses usages.

Le soufre se trouve dans les régions volcaniques; le plus souvent il est mélangé avec des matières terreuses.

Pour l'avoir pur, on chauffe fortement le mélange en vase clos; les vapeurs produites par la fusion arrivent dans une chambre froide, où elles sont ramenées à l'état solide et tombent sous forme de poussière jaune, appelée *fleur de soufre*.

Fondue et coulée dans des moules cylindriques, la fleur de soufre devient le soufre en *canon*.

On emploie le soufre dans la fabrication des allumettes, de la poudre à canon, du caoutchouc, qu'il assouplit. On en fait également usage pour combattre certaines maladies de la peau.

L'acide sulfureux, auquel il donne naissance en brûlant', jouit d'un pouvoir décolorant qu'on utilise dans l'industrie pour décolorer et blanchir la soie, la laine, la paille, les plumes.

Pour cela, on fait arriver de la vapeur de soufre dans une pièce close, où l'on a étendu sur des perches ces substances, après les avoir préalablement mouillées.

---

117. — Le soldat.

Dans la France, que tout divise,
Quel Français a pris pour devise :
Chacun pour tous, tous pour l'État ?
Le soldat.

Qui fait le guet[1] quand tout sommeille ?
Quand tout est en péril, qui veille,
Qui souffre, qui meurt, qui combat ?
Le soldat.

O rôle immense ! ô tâche sainte !
Marchant sans cris, tombant sans plainte,
Qui travaille à notre rachat[2] ?
Le soldat.

[1] Surveillance active. — [2] Libération.

Et sur sa tombe obscure et fière,
Pour récompense et pour prière,
Que voudrait-il que l'on gravât?
Un soldat.

(P. Deroulède.)

---

118. — Aidons ceux qui souffrent.

Un honnête forgeron travaillait activement
pour subvenir aux besoins de sa nombreuse
famille. Sa probité le faisait estimer dans tout
le pays.

Il tombe malade.

Que vont devenir sa femme et ses enfants?

Son travail a cessé ; ses clients quittent sa
boutique et s'adressent à Bertin, l'autre forgeron du village.

Celui-ci, surpris des nouvelles pratiques
qui lui viennent, en demande la cause; on la
lui fait connaître.

« Oh! alors, dit-il, venez à la forge de Michel : je vais travailler pour lui ; j'aurai un
peu plus de peine, mais j'aurai fait une bonne
action. »

Pour comble de malheur, la maison de Michel fut incendiée, ses meubles brûlés : il
était rudement éprouvé.

Bertin dut redoubler d'activité, et il lui fallut prolonger son travail jusqu'à une heure bien avancée de la nuit.

Un magistrat, passant devant sa forge, entend les coups redoublés de son marteau ; il était minuit.

Surpris de le trouver au travail à pareille heure, il entre :

« Comment se fait-il que vous travailliez si tard ?

— Hélas! mon pauvre voisin est malade. Le feu a consumé ce qu'il pouvait avoir, et je lui viens en aide. Que deviendraient ses pauvres enfants si on ne les secourait ?

— C'est très bien; mais pourra-t-il jamais vous dédommager de la peine que vous vous donnez pour lui?

— Je ne sais, mais je ne m'en préoccupe point.

On doit faire le bien avec désintéressement.

— Eh! pensez-vous qu'en pareille circonstance Michel se fût montré aussi généreux à votre égard?

— Je le suppose; mais ce qui est bien certain, c'est que je ne pourrais prendre du repos, sachant qu'auprès de moi une honnête famille manque de tout.

« Et d'ailleurs je ne me suis jamais senti si heureux que depuis que j'ai pu rendre service à mon pauvre voisin.

« Nos forces étant proportionnées à la tâche qu'il nous faut remplir, je ne me sens pas beaucoup plus fatigué qu'auparavant. »

Que cette générosité si louable serve d'exemple et remplace une rivalité de métier, hélas! trop commune.

119. — Les deux ouvriers.

« Quoi ! toi à l'hôpital, mon cher Jérôme !

— Hélas ! il y a deux grands mois que j'y suis entré, et je ne sais quand je pourrai reprendre mon travail. Je suis bien puni ; je l'ai mérité, je ne me plains pas.

— Et par quelle suite de malheurs te trouves-tu dans cet état de détresse ?

— J'en aurais bien long à te raconter.

« Mais comment se fait-il que tu sois en état de secourir les malades qui se trouvent ici ? Autrefois tu n'avais, comme moi, que le salaire de ta journée ?

— Rien autre chose, en effet, mais je ne perdais pas une heure, et, lors de la paye, mon livret était toujours complet.

— Que n'ai-je fait comme toi ! mon bon Antoine. Mais non, je chômais souvent, et je dissipais au cabaret ce que j'avais gagné par mon travail.

« J'ai eu bien du malheur quand je suis entré, pour la première fois, dans ces maisons où l'on achète la folie avec l'argent qu'on a tant de peine à gagner.

— Je savais, par la sagesse des personnes sensées, ce que tu reconnais toi-même aujourd'hui, et je n'ai pas eu la peine d'en faire l'expérience à mes dépens.

« A chaque paye j'acquittais exactement ce que je pouvais devoir, et je plaçais le surplus à la *Caisse d'épargne.*

« *Je fuyais le cabaret, comme on fuit une maison maudite et empestée.*

— Que n'ai-je fait comme toi !

« J'aurais épargné bien des souffrances, bien des larmes à ma femme, à mes enfants, que je laissais souvent sans pain, pendant que je dépensais au jeu le peu d'argent qui me restait.

« J'ai fait le malheur de ceux que j'aurais dû protéger et consoler. Oh! je suis bien coupable, et les remords me consument bien plus encore que le mal que j'endure !

— On m'avait dit que *la maison du joueur ne dure qu'un instant : la faim, la discorde la font promptement disparaître;* que le joueur a le cœur dur et qu'il se prépare de noirs chagrins. Je m'en suis souvenu, et j'ai fui le jeu : le jeu, où celui qui gagne perd sa fortune.

« Je me suis toujours rappelé que la *sobriété conserve la santé, tandis que l'intempérance la ruine;* et j'ai évité avec le plus grand soin tout excès dont j'aurais eu à me repentir.

— Oh ! oui, tu te serais repenti, comme je me repens moi-même aujourd'hui. Que ne suis-je encore jeune! j'imiterais ton exemple.

« Mais la réalité est là : je suis vieux, ma santé est détruite, et je meurs à l'hôpital !

— Tu ne mourras pas ici, mais tu viendras dans ma maison jusqu'à ce que tu sois rétabli. J'aurai soin que ta famille ne manque de rien ; et bientôt, en changeant de conduite, tu pourras vivre heureux et honoré.

« C'est alors que tu pourras dire à tes enfants qu'*il est bon de profiter du présent et de penser à l'avenir.* »

---

120. — Les deux maisons.

Je suis passé près de la maison de l'homme dissipateur. Il y avait grand bruit : on y faisait bonne chère.

J'y ai entendu de gais propos, de bruyants éclats de rire ; la joie était au comble.

Puis des cris, des injures, des imprécations ont succédé : la colère et le vin troublaient les esprits.

Je me suis éloigné la douleur dans l'âme.

Quelque temps après, je suis passé de nouveau près de la même maison.

Cette fois, je n'ai plus entendu que des gémissements et des sanglots. La misère, la maladie, la faim habitaient cette triste demeure.

La dissipation, la paresse avaient amené

ce résultat; et je me suis dit : *Celui qui emploie son argent à troubler sa raison sera bientôt dans l'indigence, et la honte paraîtra sur son front.*

J'ai vu une maison de modeste apparence; et mon âme s'est reposée à la vue d'une famille pauvre, mais sage, économe et laborieuse.

C'étaient d'honnêtes artisans; le père travaillait de bon cœur; il chantait pendant son travail; on voyait qu'il était content.

Sa femme, simple et bonne, était heureuse au milieu de ses enfants, auxquels elle apprenait à bénir Dieu, à aimer leur père.

Là tout respirait la douceur et la concorde : la paix y régnait.

Les meubles n'étaient pas somptueux[1]; on n'y voyait rien qui annonçât la richesse.

Cependant tout le monde était heureux, car *peu suffit à celui qui a besoin de peu.*

Et j'ai voulu entrer dans cette maison; j'y suis resté longtemps; je m'y trouvais heureux. Et je me suis dit :

Le bonheur se trouve où résident la vertu, le travail, la simplicité; car là règnent la paix et l'amitié.

____

[1] Riches, recherchés.

121. — Un bienfait caché.

Montesquieu, l'un des génies qui ont illustré la France au xviiie siècle, allait souvent à Marseille, où habitait sa mère.

Un dimanche, il se promenait sur les quais ; le ciel était pur, une douce brise ridait à peine la surface de l'eau, qui était bleue comme le ciel ; c'était une délicieuse soirée d'été.

Le grand écrivain voulut faire une promenade en mer ; il descendit dans une barque conduite par un jeune homme dont le langage et les manières témoignaient d'une bonne éducation. Montesquieu en fit promptement la remarque, et, à la question qu'il lui adressa :

« Je ne suis pas marin, répondit le jeune homme ; je suis occupé chez un négociant.

« Mais tous les dimanches je me mets à la disposition des promeneurs, afin de gagner quelque argent.

— Est-ce que vous ne gagnez pas assez pour subvenir à vos besoins, que vous vous livrez encore, le dimanche, à un travail pénible auquel vous n'êtes pas accoutumé ?

— Je gagne assez pour moi, et je puis même aider ma mère. Mais mon père !... »

Et, à ce nom, il ne put continuer.

Ses yeux étaient pleins de larmes; on voyait qu'un chagrin profond déchirait son cœur.

Un instant après il continua :

« Mon père était autrefois négociant. Embarqué sur un navire, avec les marchandises qui composaient sa fortune, il fut pris par des pirates, qui le retiennent encore prisonnier et demandent six mille francs pour sa rançon.

« Je ne perds pas un instant, et l'argent que je gagne le dimanche doit abréger de quelques jours sa captivité.

« Mais, hélas! combien il s'en faut que j'aie réuni la somme nécessaire ! »

Le dévouement et la naïveté de ce jeune homme charmèrent Montesquieu, qui s'informa du nom du captif et de la ville où on le retenait ainsi.

Deux mois après, le bon fils prenait un frugal repas avec sa mère, et il lui parlait encore de l'inconnu qui l'avait tant questionné, qui l'avait payé si largement en sortant de son canot, et qui revenait si souvent a sa pensée.

Tout à coup la porte s'ouvre... C'est ce père, c'est cet époux, dont l'absence leur causait tant de peine : sa rançon a été payée.

« A qui dois-je ma délivrance? s'écria-t-il, après quelques instants donnés à une joie bien légitime.

— Ah! je n'en doute pas, répondit son fils;

c'est à ce noble inconnu dont je parlais encore à ma mère il n'y a qu'un moment.

« Quand pourrai-je le retrouver et lui témoigner toute ma reconnaissance! » Il fit des recherches, mais en vain.

Plusieurs années s'étaient écoulées, et il n'avait pu découvrir encore son bienfaiteur.

Un dimanche pourtant il crut le reconnaître dans la foule. Aussitôt il s'élance vers lui et le comble de remerciements.

« Vous êtes mon bienfaiteur, disait-il, vous êtes le libérateur de mon père!

— Pourquoi supposez-vous, mon ami, que ce soit moi qui aie délivré votre père? N'y a-t-il pas, dans votre ville, assez d'âmes bienfaisantes sans qu'un étranger vienne ici faire une bonne action? »

Et Montesquieu, se dégageant des étreintes du jeune homme si reconnaissant, disparut parmi les promeneurs.

Les bonnes actions cachées sont les plus méritoires et les plus louables.

---

122. — Lettre d'Eugénie à son aïeule.
(V. n°s 38, 39, 101 et 102.)

C'est à vous, grand'mère, que je veux écrire mes réfléxions sur *l'obéissance dans la famille.* Ce sujet de composition française nous avait été donné au nº 102. Je vais m'y reporter pour suivre la division et l'ordre qu'on y a établi : c'est déjà pratiquer l'obéissance, à défaut d'autre mérite.

Malgré tout le désir que j'aurais de faire ma volonté, je reconnais pourtant qu'à mon âge on n'est guère en état de se diriger soi-même.

Vous dites souvent, grand'mère, que vous apprenez encore tous les jours. Que puis-je savoir de la vie, moi qui compte à peine quelques années !

Mon devoir est tout tracé : je m'en fierai à l'expérience, à l'autorité de ceux qui ont longtemps vécu et réfléchi : j'obéirai.

Les enfants, avez-vous dit bien des fois, sont la grande préoccupation des parents; c'est pour eux que le père, que la mère travaillent et peinent tout le jour, pour eux qu'ils s'imposent des privations.

En faut-il davantage pour nous inspirer confiance et entier abandon ?

Si tout le monde était libre d'agir à sa fantaisie, de commander et de ne point obéir, ce serait la confusion même au sein de la famille.

La subordination, au contraire, met chacun à sa place et dans son rôle; elle maintient l'ordre et l'harmonie, elle fortifie l'affection entre tous.

L'amitié n'est jamais séparée de l'estime.

C'est vous encore, grand'mère, qui l'avez dit; je le crois et le répète après vous.

J'obéirai sur le champ; et mon exemple profitera à mes frères, à mes sœurs, plus jeunes que moi.

Ce sujet me remet en mémoire une fable que vous m'avez apprise.

Une carpe, prudente et sage, exhortait un jour de jeunes carpillons à ne point quitter le fond de la rivière. Ils ne l'écoutèrent point; ils furent *pris* et *frits*, et payèrent ainsi de leur vie leur *désobéissance prétentieuse*.

Je veux m'en souvenir.

---

123. — Hommes utiles aux autres hommes.

Heureux celui qui a été utile à ses semblables! Heureux celui qui peut se dire : « J'ai donné à mes concitoyens un bon métier pour filer le chanvre; je leur ai enseigné le moyen d'augmenter leur bien-être; j'ai pu prolonger leur vie et diminuer leurs souffrances. »

Le monde entier bénit le nom du médecin anglais *Jenner*, qui a découvert la vaccine et préservé tant d'hommes de la mort et de graves infirmités.

Un autre Anglais, *Davy*, a pu également conserver la vie à bien des ouvriers employés dans les mines de charbon, en inventant la petite lampe de toile métallique, dite *lampe des mineurs*, qui met obstacle à l'inflammation du gaz.

Il n'y a pas de petits services rendus à l'humanité. La Hollande a élevé une statue au marin qui lui avait enseigné à sécher le hareng à la fumée.

La France n'a rien à envier aux autres pays; elle a produit un grand nombre d'hommes illustres dont nous devons être fiers.

Nous ne parlerons que de ceux qui se recommandent particulièrement à notre attention par l'utilité pratique de leurs découvertes.

Denis Papin a découvert et commencé d'appliquer la force d'expansion de la vapeur.

Jacquard a inventé un métier à tisser la soie et contribué à enrichir son pays.

Richard Lenoir a vulgarisé les machines à filer le coton et le lin.

Monthyon a fondé des prix pour récompenser la bienfaisance et le dévouement.

L'abbé de l'Épée a trouvé le moyen d'enseigner les sourds-muets.

Un savant illustre que l'Europe nous envie, *M. Pasteur*, a fait d'inappréciables découvertes, en préservant de la rage par l'inoculation du virus rabique (Institut Pasteur, fondé en 1886), et de la maladie du charbon chez les animaux, par la vaccination.

M. Marcel Desprez a découvert le moyen de transporter à distance les forces naturelles au moyen de l'électricité ; le vent, une chute d'eau peuvent mettre en mouvement une machine distante de 40 à 50 kilomètres.

124. — Réflexions.

Enfant, viens dans la campagne.

Viens, le soleil se lève et le ciel se teint des plus belles couleurs.

Une goutte de rosée est suspendue au bout de chaque feuille.

Enfant, que ton cœur soit toujours pur comme ces gouttes de cristal ; et, pour cela, fuis le mal, fais le bien.

Voici des plantes qui abritent d'autres plantes beaucoup plus faibles. Elles semblent les couvrir de leur protection.

Enfant, tu vas grandir, et bientôt tu seras un homme ; souviens-toi alors d'être toujours le soutien des faibles, le protecteur du pauvre.

Voici maintenant une fleur charmante, recouverte d'un léger duvet; c'est à ce duvet protecteur qu'elle devra son développement régulier.

Bientôt elle tombera desséchée, la pauvre fleur, et ses débris joncheront la terre; mais des fruits lui succéderont, et on les recueillera avec joie.

Enfant, que la prudence te couvre comme d'un bouclier; avec elle tu grandiras en mérite, et ta vie sera utile et féconde.

Nous entendons un léger bruit; c'est le murmure du ruisseau qui coule à nos pieds.

Vois, il suit sa pente, son onde passe, une autre lui succède, jamais la même ne reparaît.

Ce ruisseau est l'image du temps, qui passe aussi sans retour : il en faut utiliser tous les moments, car *le temps passé ne revient plus.*

Écoute, enfant!... C'est l'alouette que l'on entend ainsi; elle chante son hymne pieux en montant vers le ciel. C'est sa louange.

Élève aussi ton cœur, enfant. Tu n'es sur la terre que pour quelques jours; il faut porter plus haut tes sentiments et tes aspirations.

Vois-tu au loin ces clochers aigus, qui s'élèvent dans les airs? Une ville est là... Là, des palais, des honneurs, du bruit, des fêtes.

On te dira peut-être que le bonheur s'y trouve aussi. Ne le crois pas, enfant : *le bon-*

heur habite nos paisibles campagnes. Il est dans la chaumière du villageois vertueux.

Vois plutôt ce laboureur qui s'avance vers nous. Il sort de sa demeure, son jeune fils est avec lui; tous deux contemplent avec bonheur la nature, qui a repris une nouvelle vigueur pendant la nuit.

Admire sur leur visage les vives couleurs de la santé. Ils respirent un air pur; le travail développe leurs forces, et, si la fatigue les accable un instant, ils lèvent les yeux vers le ciel et se sentent fortifiés, consolés.

Mais le bruit du moulin commence à retentir au pied du coteau : les premières abeilles viennent pomper le suc des fleurs, partout le travail a recommencé.

Enfant, au travail! et, pendant le jour, pense souvent à ce que tu viens de voir et de sentir; et alors il sera vrai de dire que *travailler, c'est prier.*

---

125. — Le travail.

Le travail est la loi de tous; nous devons tous travailler.

Et ne nous en plaignons pas. Que ferions-nous de notre temps sans le travail? L'ennui nous poursuivrait, et la vie nous serait bientôt un fardeau.

Quand avez-vous jamais été plus content qu'après avoir bien rempli votre tâche?

Et, si vos plus beaux jours sont ceux dont la durée vous a paru la plus courte., qu'elle journée a passé plus vite que celle où vos

occupations se sont succédé sans vous laisser trop de loisirs?

Ne croyez pas que le pauvre seul travaille. Le riche aussi travaille. Ce n'est pas qu'il ait besoin du profit; non, c'est du travail qu'il a besoin.

Nous sommes créés pour travailler, comme l'oiseau pour voler...

Savez-vous ce que je souhaiterais à mon ennemi, si j'en avais un? Des remords et l'abstention de tout travail.

Mais ce serait cruel, car ces deux choses conduisent à la mort. J'aimerais mieux lui souhaiter la santé, la paix et l'amour du travail.

Le travail est comme le pain; ce sont deux choses dont on ne se dégoûte jamais.

Et les jeux, et les plaisirs? me direz-vous.

Les jeux et les plaisirs sont bons quand ils viennent en leur temps, et toujours après le travail.

Les jeux et les plaisirs tuent aussi bien que l'oisiveté.

Que de désœuvrés qui s'ennuient et à qui le temps paraît long et pesant!

Or je ne sache pas qu'un seul homme laborieux ait jamais trouvé le temps long et le travail ennuyeux.

Vous êtes-vous quelquefois tenu dans une complète inaction? Essayez seulement une journée, et vous comprendrez ce que serait la vie sans le travail.

Et savez-vous quel est l'homme le plus irréprochable dans sa conduite? c'est celui qui est le plus attaché au travail.

Soyez bien sûr, au contraire, que *celui qui est fainéant a d'autres défauts encore.*

Voyez autour de vous : tout travaille.

L'oiseau bâtit son nid, l'abeille va de fleurs en fleurs pour recueillir son doux miel : l'abeille, l'oiseau travaillent.

Le chevail aide au laboureur à creuser le sillon : il travaille.

L'araignée tisse une sorte de filet où se prennent les insectes de l'air : elle travaille.

Tout travaille.

Travaille donc aussi, ô enfant; *dans le travail est le secret du bonheur, de la paix, de la vertu et de la santé.*

126. — Le bonheur.

Tout le monde cherche le bonheur; mais il en est peu qui le rencontrent. Ne le croyez pas dans la richesse, dans un vain éclat.

Le riche se revêt d'habits somptueux, on l'entoure d'honneurs; il est heureux selon le monde.

Cependant de noirs soucis attristent son cœur, l'ambition le dévore, la crainte le tourmente, il n'a pas un moment de repos; il n'est pas heureux.

Mais voici un simple artisan; on le connaît dans tout le pays pour un homme estimable.

Dès que le jour paraît, il est au travail; il ne perd pas un instant.

Il est toujours gai, et le soir arrivera sans que la paix qu'il goûte ait pu être troublée.

Il n'est pas riche, mais il suffit à sa maison, et souvent il trouve encore le moyen de soulager l'infortune : celui-là est heureux.

---

127. — L'union de la famille.

Dans une famille, les différents membres ont en vue l'avantage de tous, parce que tous s'aiment et que tous ont part au bonheur commun.

L'un fait une chose, l'autre en fait une autre; mais le travail de chacun profite à tous, et le travail de tous profite à chacun.

Qu'on ait peu ou beaucoup, on partage en frères. Nulle distinction autour du foyer domestique[1], si ce n'est celle qui revient très légitimement aux parents.

On n'y voit point ici la faim à côté de l'abondance.

La table est la même pour celui qui ne peut plus ou ne peut pas encore supporter la fatigue, et pour celui qui revient des champs le front baigné de sueur.

Si l'un est malade ou infirme, les autres le veillent et le soignent : aucun n'est abandonné.

Père, mère, enfants, sœurs, frères, quoi de plus saint et de plus doux que ces noms!

[1] Maison paternelle.

128. — La vie des champs.

Ce n'est pas chez le laboureur qu'on entend les soupirs et les larmes de l'affliction.

L'aimable simplicité, le travail et la modé·ration assurent la tranquillité de sa vie.

Il jouit de toutes les beautés de la nature;

c'est pour lui que le printemps se couronne de fleurs et qu'il pare les campagnes.

L'été mûrit ses moissons et ses fruits; l'automne remplit ses greniers, et l'hiver, avec ses frimats et ses neiges, lui apporte un doux repos.

Que ses plaisirs sont simples et tranquilles! Heureux au milieu de ses enfants, il se mêle à leurs innocents entretiens.

On ne voit pas sur sa table, des mets recherchés; mais ceux que lui présente son épouse sont sains, et l'appétit les assaisonne.

Tous ses regards rencontrent des visages contents. Son cœur, toujours épanoui [1], croît en tendresse et en sensibilité. Il presse ses enfants dans ses bras, et les premiers fruits qu'il cueille sont pour eux.

Qui se contente de peu est riche; le champ qu'il cultive lui suffit.

Ce bon laboureur est plein de franchise; c'est un ami sûr. Il pouvait arriver aux honneurs; mais *il est modeste, il a mieux aimé vivre en sage, loin de la ville.*

Écoutez ses conseils, honorez-le après sa mort : c'est un homme de bien.

[1] Ouvert, satisfait.

129. — L'honneur.

Savez-vous ce que c'est que l'honneur? C'est le plus grand des biens. Après que vous aurez tout perdu, si votre honneur est sauf, consolez-vous, vous êtes encore riche.

Il vous sera permis de paraître au milieu des hommes et de les regarder sans rougir; car vous pourrez dire encore : « Je suis pauvre, mais honnête. »

L'honneur ne consiste ni dans les dignités ni dans les richesses; ce n'est ni de l'or ni un carré de terre : il n'y a pas même de trésor qui puisse le payer.

L'honneur, c'est l'accomplissement de son devoir, c'est un sincère attachement pour tout ce qui est bien, une profonde aversion[1] pour tout ce qui est mal.

Un homme a trouvé une valeur considérable; il peut se l'approprier que personne n'en saura rien. Mais il rougit à la seule pensée de garder un bien qui n'est pas à lui, et il le remet fidèlement à qui il appartient : voilà l'honneur.

Vous avez fait un marché; les affaires changent bientôt, et il en résulte pour vous une perte réelle. Il n'y a point d'écrit; n'im-

[1] Éloignement, dégoût.

porte, vous tenez à votre parole : voilà encore l'honneur.

Vous êtes pauvre, vous pouvez aisément devenir riche; mais c'est par des moyens que votre conscience réprouve. Vous préférez votre pauvreté à une opulence coupable : voilà l'honneur.

Un homme vous a autrefois confié un secret. Aujourd'hui il est votre ennemi, et vous pouvez profiter de la confidence qu'il vous a faite pour l'affliger et le perdre. Cependant vous n'en faites rien et vous demeurez discret: voilà l'honneur.

L'honneur est donc à la portée de tout le monde, à la portée du pauvre comme à celle du riche : tous deux doivent le considérer comme ce qu'ils ont de plus précieux.

Nous ne sommes estimables qu'autant que notre honneur est intact.

---

130. — Ma mère.

Aux doux rayons du jour, quand s'ouvrit ma paupière,
Quand des cieux inconnus j'entrevis la lumière,
Quel ange bienfaisant me serra dans ses bras?
Ma mère!
Quel guide protecteur soutint mes premiers pas?
Ma mère!
Un jour la Mort, auprès de mon berceau,
Terrible vint s'asseoir. Une main tutélaire

Écarta lo fantôme et ferma le tombeau :
Et ce fut la main de ma mère,
Pendant les longues nuits, endormant mon effroi,
Qui charma mes douleurs et veilla près de moi.
Toujours ma mère!
Toujours! ma mère, toujours toi!

(Ph. Chasles.)

131. — Maximes à retenir.

Il n'y a point de meilleurs yeux que les nôtres pour voir nos affaires.

La plus légère négligence peut produire un très grand mal.

Si vous voulez être riche, n'apprenez pas seulement comment on gagne, apprenez surtout comment on épargne.

Renoncez à toute dépense inutile, et vous vous plaindrez moins de la dureté des temps.

Les plaisirs diminuent la fortune et augmentent la misère. Plusieurs PEU *font un* BEAUCOUP : *méfiez-vous donc des petites dépenses.*

Qui achète un jour le superflu, le lendemain vendra le nécessaire. Avant de consulter votre caprice, consultez votre bourse.

Réfléchissez toujours avant de profiter du meilleur marché. C'est une folie que d'employer son argent à acheter un repentir.

Voulez-vous savoir ce que vaut l'argent? essayez d'en emprunter.

Pierre qui roule n'amasse pas mousse ; toujours changer, c'est vouloir commencer à vivre au moment de mourir ; c'est risquer de changer un cheval borgne contre un aveugle. Il n'est point dans la vie de situation qui n'ait ses inconvénients.

132. — Notre patrie.

« Père, explique-moi donc ce qu'est cette patrie,
Dont on entend parler à chaque instant chez nous.
— Oh ! la patrie, enfant, c'est déjà, à ton âge,
Quelque chose vraiment ! C'est moi, c'est mon amour ;
C'est ta mère, tes sœurs, ton aïeul, le village ;
La maison, le pays où tu reçus le jour ;
Et pour tous la patrie est le saint héritage
      Que les pères mourants
      Laissent à leurs enfants.

132 bis. — L'enfant et la grand'mère.

                    [blancs ?
Grand'mère, d'où vient donc que vos cheveux sont
— Mon enfant, c'est l'hiver, c'est la neige des ans.
Grand'mère, d'où vient donc que vous avez des rides ?
— Le chagrin a creusé tous ces sillons arides.
Grand'mère, qui vous fait branler la tête ainsi ?
— Enfant, un vent du ciel. Je ne tiens plus ici.
Pourquoi vos yeux sont-ils cernés de noir, grand'mère ?
— C'est pour avoir versé plus d'une larme amère.
Pourquoi tenir si bas, si courbe votre front ?
— C'est pour mieux voir la terre où mes os blanchiront.

Et que murmurez-vous toujours, mère chérie,
Même quand votre enfant vous embrasse? — Je prie.
(RATISBONNE.)

133. — Contentement passe richesse.

Celui qui sait vivre de peu donne, par cette simplicité de goûts, une sérieuse garantie du courage et de la probité qu'il saurait montrer et conserver dans les situations difficiles.

On peut dire que celui-là est sage, qui a mis, autant qu'on peut le faire, sa vertu en repos; qu'il a placé son bonheur où il faut uniquement le chercher, en l'abritant contre les caprices du sort et de ses semblables.

Si le désir des richesses pénètre dans la retraite [1] du sage, ce n'est pas avec le périlleux et vain projet d'éblouir ou de dominer les hommes; non, c'est avec la délicieuse espérance de leur être utile et de leur faire du bien.

Se contenter d'une fortune médiocre, n'est-ce pas faire preuve de beaucoup de sagesse?

134. — Merveilles de l'univers.

Enfant, regarde autour de toi. Vois cette terre que tu habites. Elle se pare de fleurs et se couvre de riches moissons.

[1] Demeure, maison, habitation.

La mer immense mugit et se brise contre les rochers.

Vois et admire le ciel, le soleil qui nous éclaire et mûrit nos fruits, les étoiles qui brillent au firmament.

Ces étoiles sont innombrables, et tu ne peux les compter. Ce sont autant de soleils et de mondes.

Par delà ces mondes, semés à des distances incalculables, sont encore d'autres soleils et d'autres mondes.

Voici une rose épanouie; elle s'élève sur sa tige de mousse et semble régner sur toutes les fleurs.

Toi-même, enfant, ton organisme n'est-il pas une merveille?

Qui a créé ce vaste univers et tout ce qui le remplit?

Qui en règle le mouvement et la destination, depuis l'astre éblouissant qui brille dans les cieux, jusqu'à l'insecte qui se cache dans l'herbe et au grain de sable qui roule sous tes pas?

Ta raison l'entrevoit, ton cœur le sent, tes lèvres le proclament : c'est une intelligence infinie, c'est Dieu. Tu lui dois respect et hommage.

135. — Aider ses semblables.

—Mal dirigée, la bienfaisance a cet effet déplorable d'entretenir le mal qu'elle voudrait soulager; elle encourage la paresse et l'incurie. Un bienfait mal placé devient presque un méfait.

Cet écueil, on l'évite avec de la prudence, du tact, beaucoup de tact.

Soyez circonspects dans vos générosités, de peur qu'elles ne s'égarent; puis, quand vous êtes sûr que ceux qui en sont l'objet n'en sont pas trop indignes, ne perdez pas de vue non plus l'effet moral.

La façon de donner vaut mieux que ce qu'on donne.

Une bonne action, enveloppée dans une bonne parole, n'est-ce pas l'idéal de la bienfaisance?

N'est-il pas vrai qu'on peut aider ses semblables bien plus encore avec son cœur qu'avec sa bourse?

Le cœur n'en souffre pas; bien au contraire, il en éprouve une jouissance qui le fortifie. C'est pour cela qu'il doit toujours être ouvert, bon et généreux, tout en proportionnant ses largesses aux ressources dont on dispose.

Chacun ne peut donner que ce qu'il a, mais le plus pauvre peut toujours donner un bon conseil, un coup de main, prouver son esprit de bienfaisance par quelque secours efficace.

136. — Respect dû à la loi.

La *loi* est la règle commune que la nation s'est dictée et qu'elle a volontairement acceptée par l'organe de ses représentants au parlement.

La loi, pour l'ordinaire, a en vue le bien de tous; tous lui doivent obéissance et respect.

— Respecter la loi, c'est concourir au bien général, c'est faire preuve de raison et de patriotisme.

Enfreindre la loi, c'est troubler l'ordre établi pour l'avantage de la société; c'est se mettre sciemment en révolte contre la volonté légitimement exprimée par le pays.

Toute infraction à la loi est une faute; et il est juste, il est nécessaire qu'elle soit punie, parce que la société doit se protéger et se défendre, parce que l'injuste ne peut prévaloir contre le juste, parce que le faible ne doit pas être accablé par le puissant.

L'homme raisonnable, l'homme de bien n'éprouve aucune peine à se soumettre à la loi.

. Ils savent que son autorité s'impose et ne se discute pas; cela leur suffit, et ils obéissent.

La loi est le résultat d'une délibération solennelle et publique; c'est ce qui lui donne son prestige et sa force; on dit : la majesté de la loi.

En toute occasion, souvenez-vous de respecter inviolablement la loi.

---

137. — Administration de la justice.

Vous avez vu et vous savez maintenant qu'il faut respecter la loi et ne l'enfreindre jamais.

Il en est pourtant qui, par légèreté, méchanceté ou insouciance, contreviennent à ses dispositions et les violent.

Quelquefois aussi, et toujours trop souvent, il s'élève des contestations où chacun croit avoir raison, apparemment. Nous nous aveuglons si aisément quand nos intérêts sont en cause!

C'est alors que les tribunaux interviennent pour rappeler les uns au devoir, pour vider les différends qui divisent les autres.

Il existe divers tribunaux; chacun d'eux est saisi des affaires qui rentrent dans sa compétence.

En *justice de paix*, le juge unique prononce sur les questions peu importantes.

Le *tribunal de 1re instance*, qui siège au chef-lieu d'arrondissement, juge les affaires plus graves et plus importantes.

Les *cours d'appel*, dont le ressort comprend plusieurs départements, puisqu'il n'en existe que 27 en France, revisent les procès jugés en 1re instance, à la demande des parties. Au-dessus de tous ces tribunaux est la *cour de cassation*, siégeant à Paris, et qui maintient l'uniformité de la jurisprudence.

Les différends en matière commerciale sont déférés aux *tribunaux de commerce*.

S'il survient des difficultés entre l'administration et les particuliers, elles sont vidées par le *conseil de préfecture*, qui siège à l'hôtel même de la préfecture.

Les parties, si elles le jugent bon, peuvent en appeler au *conseil d'État*.

---

138. — Devoirs envers nos parents.

Enfant, tu étais petit, faible, presque ina-nimé; tu entrais dans le monde, et déjà tu souf-frais, tu jetais des cris et versais des larmes.

Que serais-tu devenu si tes parents t'avaient abandonné?

Tu serais mort presque aussitôt et tu n'aurais jamais connu la tendresse d'une mère, le dévouement d'un père.

Que de soins, que d'inquiétudes tu as coûtés à tes parents! Que de larmes tu as fait verser à ta pauvre mère, quand quelque danger te menaçait!

Que de fois on l'a vue, cette bonne mère, prolonger ses veilles bien avant dans la nuit! Près de ton berceau, une aiguille à la main, elle travaillait à la lueur d'une petite lampe.

N'est-ce pas pour toi, enfant, que ton père supporte le poids du jour et du travail? Rien ne lui coûte; la pensée de ses enfants le soutient et l'anime.

Tes parents se sont imposé bien des sacrifices pour toi. Ils ont eux-mêmes apporté le plus grand soin à ton éducation, car ils veulent que tu sois heureux.

Ils s'oublient pour ne penser qu'à toi; ils négligent leur santé quand il s'agit de rétablir la tienne.

Un nom revient toujours sur leurs lèvres : c'est le tien.

Enfant, ne leur dois-tu rien en reconnaissance de tant d'amour?

Est-ce que ton cœur ne te dit pas de les aimer, de les respecter, de les assister un jour?

Aimer ses parents est le plus saint des devoirs ; c'est la dette du cœur.

139. — Aimer ses parents.

Enfants, aimez bien vos parents.
—Prouvez-leur, par votre respect, par vos attentions, que vous gardez le souvenir des

bienfaits dont ils vous comblent chaque jour.
Combien je vous plaindrais si vous étiez des enfants ingrats! Les hommes s'éloigneraient de vous, de justes châtiments fondraient sur votre tête.
Souvenez-vous que vous serez traités selon

les sentiments que vous aurez montrés pour vos parents.

Une vie courte et malheureuse sera le partage de l'enfant ingrat. L'enfant respectueux, au contraire, jouira de faveurs particulières.

Un fils reconnaissant et soumis ne se trouvait heureux qu'avec sa mère, devenue vieille et infirme.

Il avait pour elle les attentions les plus délicates; l'heureuse mère oubliait alors son âge et ses douleurs.

Il en fut bien récompensé : sa maison devint prospère, et plus tard ses enfants remplirent son cœur de la joie la plus douce.

J'ai connu un homme bien coupable; il avait abandonné son père. Il aurait dû le secourir, le consoler, il l'affligea cruellement.

Des malheurs de toute sorte l'accablèrent. Il mourut, jeune encore, consumé par de noirs chagrins, juste punition de sa conduite.

140.

Si vos parents sont pauvres, travaillez avec ardeur, pour être en état de les soulager au plus tôt.

Et si un jour vous vous éleviez au-dessus de votre condition actuelle, n'allez pas méconnaître vos parents. C'est alors, au contraire, qu'il faudrait les entourer avec plus d'assiduité, de prévenance et de soins; votre position vous en fournirait plus largement le moyen.

Eh! n'est-ce pas à l'instruction qu'ils vous auraient procurée que vous devriez votre élévation?

Ne dites, ne faites jamais rien qui puisse les contrister. *Celui qui afflige le cœur de son père est bien méprisable; celui qui fait pleurer sa mère ne mérite pas de l'avoir connue.*

Aimez vos parents, aimez-les de tout votre cœur. Montrez-vous obéissants, respectueux et soumis. Quand vous leur parlez, que ce soit en termes qui montrent combien vous tenez à les honorer.

Si vous êtes bon fils, Dieu vous les conservera longtemps; vous serez béni à cause d'eux.

Votre attachement devra se montrer alors dans toute son étendue.

La force, la santé auront disparu; leur humeur s'en ressentira sans doute. N'importe; ne voyez que vos parents, qui vous aiment et à qui vous devez tout.

Si votre respect et vos attentions ne se ralentissent jamais, votre seule présence leur rendra la sérénité.

Un bon fils aime à rendre à ses parents les soins qu'il en a reçus autrefois.

141. — Obéissance et soumission à nos parents.

Craindre nos parents, c'est éviter avec soin tout ce qui pourrait leur déplaire; c'est régler nos actions, nos paroles de manière à les satisfaire toujours.

La crainte de ses parents est une crainte causée par l'amitié qu'on a pour eux. L'enfant bien élevé craint bien plus de mécontenter son père que de subir une punition.

Si parfois nos parents nous montrent de l'indulgence, il faut bien nous garder d'en abuser; le pardon qu'ils nous accordent nous oblige à une nouvelle attention à ne plus les contrister.

La soumission à nos parents est nécessaire, et nous devons leur obéir sans murmurer jamais. Qu'on voie en nous un véritable empressement à exécuter leur volonté.

Nous n'avons pas d'expérience et nous ne pouvons nous conduire par nous-mêmes; nos parents sont là pour nous diriger.

Écoutons leurs avis avec une confiance entière, et conformons notre conduite aux sages conseils qu'ils nous donnent; leur autorité ne peut être contestée.

Si nous ressentons quelque contrariété à

cause des réprimandes ou des injonctions que nous font nos parents, attendons un peu.

Nous reconnaîtrons bientôt qu'ils avaient raison, et nous leur saurons gré d'avoir veillé si attentivement sur nous. C'est parce qu'ils nous aiment qu'ils nous reprennent.

L'enfant qui serait abandonné à lui-même deviendrait un méchant; au contraire, l'enfant le plus sage, le plus aimable, est celui que ses parents dirigent avec le plus de soin et de sollicitude.

Gardons-nous de répondre à nos parents autrement qu'avec la plus grande déférence.

Nous serions bien coupables si nous agissions autrement.

Un enfant qui exécuterait lentement les ordres de ses parents, qui témoignerait de l'humeur surtout, s'exposerait à une juste punition, et on serait tenté de lui croire un mauvais caractère. Il se ferait ainsi une fort mauvaise réputation.

Nous désirons tous de mériter le titre d'enfants bien élevés; pour cela, montrons-nous soumis à nos parents, dociles à leurs conseils, empressés à leur obéir.

Ils voient les dangers auxquels nous ne pensons même pas et peuvent seuls nous apprendre à les éviter.

Ne leur cachons donc rien; c'est le moyen d'avancer dans la pratique du bien.

Que, si nous faisons quelque faute, le repentir suive de près.

Avouer sa faute c'est déjà la diminuer; mais ce n'est pas assez de la réparer, il faut éviter soigneusement d'y retomber.

Heureux l'enfant dont les fautes sont rares et promptement réparées!

Plus heureux encore celui qui, par la parfaite innocence de ses premières années, se prépare une jeunesse exempte d'erreurs et d'orages!

---

142. — Soulager ses parents.

Quoi que nous fassions, nous ne pourrons jamais rendre à nos parents qu'une faible partie de ce que nous en avons reçu.

Mais au moins nous aurons un jour l'occasion de leur prouver notre reconnaissance.

Ils ont guidé nos premiers pas. Dès qu'ils seront vieux, aidons leur marche chancelante.

Ils nous ont donné d'utiles leçons; prouvons-leur à présent que nous en avons profité.

Ils nous ont mis en état de vivre honorablement; soutenons à notre tour leur existence avec un dévouement affectueux.

Ils ont veillé sur notre enfance; veillons sur leur vieillesse, afin qu'elle soit heureuse.

Ils souffrent maintenant; adoucissons leurs

maux; rendons agréables les derniers jours qu'ils ont à passer sur la terre.

Leur présence au sein de la famille est, à elle seule, une cause de prospérité.

Dans notre enfance, c'étaient nos parents qui nous consolaient, qui nous protégeaient.

C'est à nous maintenant à les soulager, à les consoler, lorsque les chagrins et les inquiétudes viennent assaillir leur âme.

Souvent ils se sont privés du nécessaire pour nous procurer quelque jouissance; pourrions-nous ne pas nous imposer quelques privations à notre tour?

Il est doux de consacrer ses soins et ses forces à aider ses parents. Il est doux de leur offrir les fruits de son travail.

143. — Aimer ses frères, ses sœurs.

C'est un grand plaisir pour un père, pour une mère de voir leurs enfants vivre dans une union parfaite.

L'amitié est étroite dans le sanctuaire de la famille, et alors comment affliger ceux qu'on aime?

Le plus fort n'abuse pas des avantages qu'il a sur les autres; le plus faible n'abuse pas de la patience qu'on exerce à son égard : l'un se montre plein de douceur, l'autre évite de se montrer exigeant ou rebelle.

Des frères doivent toujours être disposés à se supporter mutuellement, à s'excuser, à se rendre service.

Ces sentiments tendres et délicats sont bien naturels entre des personnes qui s'aiment.

Si nous ne savons pas con-server l'union avec les mem-bres de notre famille, avec qui pouvons-nous espérer de vivre en paix?

Au sein de la famille, on se doit le bon exemple, les bons conseils : c'est une sa-lutaire obliga-tion. Là doit

se trouver le modèle d'une société vertueuse.

Les aînés doivent des soins, de l'indulgence aux plus jeunes, comme ils doivent l'exemple de l'obéissance et de la soumission à leurs parents.

L'aîné est l'aide et le remplaçant du père et de la mère. C'est pour lui un honneur en même temps qu'une responsabilité.

Les sœurs ont droit à une déférence particulière ; elles sont plus douces et plus faibles : leurs frères leur doivent des ménagements. Il faut respecter leur sensibilité, leur modestie.

L'âme se repose au sein d'une famille bien unie, où tout le monde s'aime et se respecte.

144. — Devoirs envers la patrie.

Vous savez ce que c'est que la patrie, et non seulement vous le savez, mais vous le sentez beaucoup mieux même que vous ne sauriez l'exprimer.

Chacun de nous doit l'aimer, comme on aime sa famille, sa maison.

L'amour de la patrie est chose aussi facile qu'elle est naturelle.

Aimer sa patrie, c'est se réjouir avec elle, c'est souffrir de ses malheurs.

Comme les individus eux-mêmes, les nations ont des épreuves à subir, leurs bons et leurs mauvais jours, leur enfance et leur accroissement.

On se doit à la patrie ; mais les devoirs varient avec l'âge et la condition de chacun.

La loi prescrit à l'enfant de fréquenter régulièrement l'école; l'enfant s'acquittera de son devoir en se montrant assidu et appliqué.

La morale enseigne qu'il faut, pour le bien de l'État, être laborieux, économe et rangé.

L'enfant, l'homme se conformeront aux enseignements de la morale.

La patrie protège la famille et les individus, elle assure leur sécurité.

Tout homme, en retour, doit contribuer au bon ordre, aux charges publiques, à la défense du pays.

Et c'est pour cela, enfants, que vous devez travailler ardemment à cultiver votre intelligence, à développer vos aptitudes physiques, pour être un jour en état de bien servir votre patrie.

Le service militaire est à la fois une obligation et un honneur. Il faut l'accepter avec entrain.

---

145. — Le drapeau et le soldat.

Le soldat qui a passé la frontière entend des voix et des sons inconnus. Il attache son regard sur le drapeau : les trois couleurs qui brillent à ses yeux lui rappellent la patrie absente; et son cœur tressaille, et il est prêt à se faire trouer la poitrine pour le défendre.

Le drapeau, c'est l'honneur du régiment. Il

semble que tous les cœurs tiennent à sa hampe par des liens invisibles. Le perdre, c'est la honte; le faire triompher, c'est la gloire.

Le drapeau est l'emblème chéri qui nous convie et nous porte au devoir, au dévouement, au sacrifice, à l'abnégation absolue.

Oui, enfant, la Patrie est ce chiffon de soie
Qui déploie au soleil trois brillantes couleurs!
C'est le nom du pays, son honneur et sa joie;
C'est le devoir sacré d'accourir à son rang,
Et, sans songer aux siens, de donner tout son
[sang!

---

146. — Le nid de fauvettes.

Je le tiens, ce nid de fauvettes!
Ils sont deux, trois, quatre petits!
Depuis si longtemps je vous guette,
Pauvres oiseaux, vous voilà pris!
Criez, sifflez, petits rebelles,
Débattez-vous; oh! c'est en vain :
Vous n'avez pas encore d'ailes,
Comment vous sauver de ma main?

Mais quoi! n'entends-je point leur mère,
Qui pousse des cris douloureux?
Oui, je le vois; oui, c'est leur père
Qui vient voltiger auprès d'eux.
Ah! pourrais-je causer leur peine,
Moi qui, l'été, dans les vallons,

Venais m'endormir sous un chêne,
Au bruit de leurs douces chansons?

---

147. — Devoirs envers soi-même.

Vous avez aussi envers vous-mêmes des devoirs qu'il vous faut accomplir fidèlement.

Bannissez de votre cœur tout ce qui pourrait le souiller; n'y laissez jamais entrer la haine, la colère, l'envie.

Votre âme est la partie la plus noble de vous-même. Il faut travailler à l'embellir encore.

Que la douceur, les sentiments élevés, la bienfaisance en soient l'ornement.

Éclairée par l'étude, elle y trouvera encore un aliment qui la fortifiera. C'est par une grande attention sur vous-mêmes que vous pourrez l'enrichir.

Écoutez toujours la voix de la conscience; qu'elle soit votre guide dans toutes vos actions, et vous ne connaîtrez point le remords.

La morale est dans votre cœur; vos devoirs sont écrits dans votre conscience : vous y pouvez, vous y devez lire.

L'étude, la lecture, une utile occupation sont aussi nécessaires à la santé de l'âme que l'exercice et la nourriture le sont à la santé du corps.

La vie nous a été donnée pour en faire un bon usage.

Ne cherchez point les dangers inutiles, qui mettraient votre vie en péril; ne commettez aucun excès, qui détruirait votre santé.

Le travail est nécessaire et de stricte obligation. Il occupe notre esprit, il développe nos forces, il nous procure le moyen de vivre et d'être utiles à la société.

Mais que l'amour du gain ne dégénère point en avarice : il ne faut être ni avare ni prodigue.

Un travail excessif épuiserait nos forces : apportons à l'ouvrage un certain tempérament, une certaine mesure.

Il y a de l'honneur à se suffire à soi-même; tâchons d'y parvenir. Pour cela, il faut aimer sa profession et s'y perfectionner, en cherchant continuellement à faire mieux.

L'ambition est un bien grand défaut, l'émulation est une grande vertu. Tout en aimant vos camarades, tâchez de les surpasser en instruction, en sagesse, ou du moins imitez les meilleurs d'entre eux et prenez-les pour modèles.

Mais ne laissez point entrer l'orgueil dans votre cœur. Si vous voulez qu'on vous aime, qu'on vous estime, ce qui est fort louable assurément, montrez-vous à la fois méritants et modestes.

On aime l'enfant dans lequel la modestie relève encore les autres qualités.

148. — De l'exemple.

Voici un enfant docile, poli, studieux; tout le monde l'aime, ses parents le chérissent.

Eh bien! mes enfants, imitez-le, ayez les mêmes qualités; on vous aimera aussi, et vous serez heureux.

Il s'opère en nous un changement continuel; que tout en vous change en bien, mes enfants.

Il y a pour cela un moyen puissant : l'exemple.

Si tous les hommes étaient vertueux, vous n'auriez sous les yeux que de bons exemples, et la vertu vous serait facile.

Mais il y a des méchants dans le monde, des méchants qui estiment secrètement ce qui est juste et bon, et pourtant ne le pratiquent pas. Ils pourraient vous entraîner si vous ne vous teniez sur vos gardes.

Il faut les fuir; car vous ressemblerez à ceux que vous fréquenterez habituellement.

L'important est de bien choisir votre compagnie.

Ne vous liez qu'avec des personnes bien élevées et dont la conversation n'ait rien que d'honnête; vous deviendrez insensiblement meilleurs, sans qu'il vous en coûte beaucoup.

Il y a toujours à gagner à fréquenter les gens de bien.

La plus simple feuille, placée près d'une rose, en acquiert le parfum; de même, on devient meilleur par la fréquentation des personnes honnêtes et sensées.

A votre tour, mes enfants, vous devez le bon exemple à ceux qui sont plus jeunes que vous; vous leur devez l'exemple de la soumission, de l'activité, de la politesse.

Il s'ensuit que vous seriez deux fois coupables si votre exemple était pernicieux; et n'oubliez pas cette parole : Malheur à celui qui porte les petits enfants au mal !

Le bien, le mal se propagent par l'exemple.

---

149. — Il faut réparer ses torts.

Lorsqu'un enfant a commis une faute, ce qu'il a de mieux à faire, c'est de la réparer : *or, avec l'aveu commence le pardon, qu'on achève de mériter par le repentir.*

. Mais ce qui témoignera de votre sincérité', mes enfants, ce qui prouvera que vous mérirez réellement ce pardon demandé, c'est l'attention que vous mettrez à éviter toute rechute, à profiter des sages avis qu'on vous aura donnés.

Et comme on doit mettre tout à profit,

même les maux qui nous arrivent, vous devrez vous montrer, par la suite, plus circonspects, plus réservés.

Un savant moraliste a dit : « Quand j'avais commis une faute, je ne pouvais rien faire de bien; lje me sentais comme accablé sous un fardeau, jusqu'à ce que j'eusse obtenu mon pardon après un aveu sincère; *car lu paix ne se trouve que dans un cœur honnête.* »

Enfants, souvenez-vous donc de pratiquer le bien, d'éviter le mal; et, s'il vous arrive de commettre quelque faute, hâtez-vous de la réparer par une grande attention sur votre conduite.

La faute est dans l'offense et non pas dans l'excuse.

---

150. — De la reconnaissance.

La reconnaissance est la mémoire du cœur.

Celui qui a bon cœur aime à prouver à son bienfaiteur qu'il n'oublie pas le service qu'il en a reçu. Tout le monde apprécie la reconnaissance et condamne l'ingratitude, qui est le vice opposé.

O enfants ! qu'on ne puisse jamais vous reprocher d'être ingrats ! Votre cœur vous dit de vous souvenir du bien qu'on vous a fait; écoutez ses inspirations.

Votre conscience vous en fait un devoir, obéissez à ce qu'elle vous prescrit; elle ne trompe jamais. *La voix de la conscieuce est cette voix qui nous parle intérieurement et qui nous condamne ou nous approuve.*

Et envers qui devez-vous être reconnaissants? D'abord envers Celui de qui vous tenez l'être; envers vos parents, qui guident votre enfance, travaillent à votre éducation, et sacrifient jusqu'à leur repos pour vous rendre heureux.

Vous devez de la reconnaissance à vos maîtres, à tous ceux qui concourent à former votre cœur, à cultiver votre esprit.

La reconnaissance n'est pas un fardeau; c'est plutôt un besoin, un bonheur pour tout cœur généreux et droit.

Ce n'est pas seulement un devoir, c'est un plaisir, parce qu'il est doux de savoir qu'on s'intéresse à nous, qu'on nous veut du bien.

Comment se manifeste la reconnaissance? C'est par le respect, la confiance, l'obéissance et l'amour; envers vos maîtres, par vos efforts à seconder les leurs, qui tendent tous à votre bien, par votre application à profiter de leurs lumières et de leur expérience.

Par la reconnaissance, on se montre digne de l'intérêt qu'on inspire.

151. — Économie domestique.

On a dit, l'histoire à la main, que la véritable école des vertus patriotiques et guerrières, c'est le ménage bien ordonné au sein des occupations champêtres.

Mais en dehors de cette considération, la bonne et sage direction d'un intérieur est d'une incontestable importance.

C'est cette direction qu'on appelle ordinairement *économie domestique* ou *science du ménage*, qui embrasse tous les devoirs de la femme dans la conduite de sa maison.

On s'accoutume à la prodigalité comme à l'économie ; c'est affaire de goût, d'habitude et d'exemple reçu. Et si le chef de famille a dans son lot le travail qui produit, la maîtresse de la maison a dans le sien l'économie, qui épargne l'argent, si difficile à gagner, plus difficile encore à conserver.

Il est indispensable que la jeune fille ait de l'instruction ; il n'est pas moins nécessaire qu'elle ait des habitudes d'ordre et de travail, qu'elle connaisse, qu'elle aime les soins du ménage.

L'ordre proportionne les dépenses aux recettes, conserve toute chose. La prévoyance prévient le besoin.

La propreté entretient la santé; elle dispose favorablement les esprits.

L'amour du travail anime la maison et la fait prospérer.

Tout le monde est heureux dans un milieu où brillent ces vertus pratiques.

—Et c'est ainsi qu'une fille s'attire le sourire et la bénédiction de son père; qu'une épouse devient chaque jour plus chère à son époux; qu'une mère inspire un tendre respect à ses enfants, qui l'entourent et forment sa couronne.

---

152. — L'emploi du temps.

Le temps est une chose bien précieuse; gardons-nous de perdre un seul instant.

A votre âge, mes enfants, on voit devant soi un long avenir; on s'imagine que la vie est bien longue, et on perd facilement une journée, une semaine, un mois.

L'enfant croit que vingt ans et vingt francs ne doivent jamais finir; il ne connaît pas plus le prix de l'un que de l'autre.

Mais arrive bientôt le moment où l'on regrette d'avoir dissipé son temps ou son argent.

Vous êtes, mes enfants, à cette première

époque de la vie où vous devez vous instruire, former votre esprit et corriger vos défauts.

Soyez attentifs aux conseils que vous recevrez à cet égard ; prêtez la plus grande attention aux leçons qui vous seront données.

Montrez-vous dociles en toute chose ; la docilité est la principale vertu des enfants.

Si vous avez été appliqués dans votre enfance, vous serez plus tard des hommes laborieux : c'est alors que vous recueillerez les fruits du bon emploi que vous aurez fait de votre temps à l'école.

---

153. — De la réputation.

Mes enfants, voulez-vous réussir dans le monde ? Faites-vous une bonne réputation ; et, à ce propos, écoutez quelques avis.

Instruisez-vous et tâchez de compter au nombre des bons élèves de votre classe.

Conservez la paix avec vos camarades, et rétablissez-la parmi eux, s'il arrive qu'elle soit un instant troublée.

N'abusez pas de votre force ; ne l'employez que pour protéger les faibles.

Que l'orgueil n'entre jamais dans votre cœur ; montrez-vous empressés à obliger les autres.

Vous verrez bientôt chacun rechercher votre société et se trouver bien avec vous.

En marchant toujours dans cette voie, vous acquerrez l'estime des honnêtes gens; chacun dira du bien de vous et aura confiance en vous.

Dès lors ne craignez pas; le travail ne vous manquera jamais, car dès le jeune âge vous aurez contracté le goût du travail.

Et tandis que le paresseux et le méchant gémiront dans l'indigence, vous aurez, vous, une exploitation prospère, un atelier bien pourvu, un magasin bien achalandé.

Partout vous serez bien accueillis, et votre vie s'écoulera douce et calme.

Une bonne réputation nous procure d'incontestables avantages.

---

154. — Ville et campagne.

Voici deux ouvriers : l'un est fort, agile, dur à la fatigue; son teint, frais et coloré, annonce une santé florissante : c'est l'ouvrier des champs.

L'autre, frêle et délicat, au visage blême, est d'une santé débile : c'est l'ouvrier de la ville.

Le premier voit le ciel au-dessus de sa tête et respire un air pur à pleins poumons.

Ses travaux sont rudes, mais ils sont variés.

Ils demandent mille attitudes différentes et développent les forces du corps.

Labourer, faucher, pressurer le raisin, récolter les pommes, bâtir un mur ou couper

le bois sont autant de travaux qui, par le changement auquel ils obligent, soutiennent l'ardeur de l'ouvrier et empêchent la fatigue.

Le sobre paysan habite le hameau qui l'a vu naître; il vit là, entouré de ses parents, de ses amis d'enfance; il se sent heureux de ses affections et paraît toujours gai.

Mais l'ouvrier de la ville, d'une manufacture surtout, est condamné à un travail toujours le même; il conserve une posture toujours la même, ce qui en fait comme une machine vivante, aux mouvements réguliers.

Il respire un air vicié, qui ne lui fournit qu'un aliment insuffisant.

Enfermé entre quatre murs, il semble condamné à une prison perpétuelle. Mille dangers l'environnent, qui concourent à détruire encore ses forces et à hâter à sa fin.

Enfants, ne quittez pas votre village; vous conserverez un bien plus précieux que les autres biens, la santé et le courage dans le travail.

---

155. — L'ordre.

L'ordre doit régner partout, doit présider à tout. On n'est jamais riche quand on n'a pas d'ordre, et rarement un ménage où il y a de l'ordre devient tout à fait pauvre.

Ce qui est détruit ou mal entretenu ne profite à personne; si vous pouvez vous passer d'un objet, donnez-le, mais ne le perdez pas.

L'ordre est à lui seul une beauté. Il fera du logement le plus modeste une riante demeure, tandis que le désordre ferait un séjour désagréable du palais le plus somptueux.

L'ordre ménage le temps, car on en perd plus à chercher qu'à ranger. Il ménage aussi l'argent : un objet entretenu avec soin ne dure-t-il pas dix fois ce que durerait un objet qui serait négligé ?

Ainsi l'ordre conserve les fruits du travail, et il entretient l'aisance d'une maison.

C'est surtout aux femmes, mères, filles, sœurs, qu'il appartient de l'établir, de l'entretenir et de le faire aimer.

En créant le monde, Dieu a mis chaque chose à sa place : la création, c'est l'ordre.

La fin de l'ordre, c'est la destruction.

---

156. — Règles de morale et de civilité.

Lavez-vous tous les matins le visage, le cou, les oreilles et les mains.

Ayez grand soin de votre chevelure, que vous devez peigner chaque matin.

Se mettre les doigts dans la bouche ou dans les narines est un acte de malpropreté qui choque et qui répugne.

Ne vous servez jamais de vos dents, soit pour rogner vos ongles, soit pour ronger du bois ou autres corps durs.

Lavez vos mains toutes les fois qu'elles ont

été salies, mais ne les essuyez jamais à vos habits.

Évitez de souiller ou de déchirer vos vêtements.

Qu'on ne vous voie jamais vous accouder sur les meubles ou vous appuyer la tête sur les mains.

Que partout et toujours votre conduite soit digne.

L'estime de ses semblables est une douce récompense; il faut la mériter.

Évitez de parler en mal des personnes absentes.

Soyez prudents et circonspects avec les inconnus.

157.

Quand vous parlez à quelqu'un, faites suivre vos réponses des mots *Monsieur*, *Madame* ou *Mademoiselle*, selon le cas.

N'oubliez pas de saluer ceux que vous rencontrez, surtout si ce sont vos supérieurs.

Que jamais les enfants ne se moquent des vieillards ou des personnes infirmes !

Soyez doux et prévenants avec vos frères et vos sœurs, calmes avec vos camarades, pleins de respect à l'égard de vos parents, de vos maîtres et de tous vos supérieurs.

A l'école, soyez appliqués, sages et respectueux : vous serez aimés de votre maître.

Il ne faut pas manger entre ses repas. On ne peut se présenter à table si on a les mains sales.

On doit avoir une tenue décente, parler peu, ne point s'agiter sur sa chaise et n'appuyer que les poignets sur la table.

La cuiller, la fourchette et le couteau se placent à droite de l'assiette; le pain se met à gauche.

Il ne faut point chercher à se faire servir le premier, ni porter un œil curieux sur l'assiette de son voisin.

On doit éviter de trop remplir sa cuiller, de humer le bouillon avec bruit, de souffler sur les aliments.

On ne doit point parler la bouche pleine, et c'est grossièreté que de la remplir à tel point qu'on puisse à peine respirer.

Évitez de manger et de boire avec avidité, et surtout avec excès.

Ne gesticulez jamais avec votre fourchette ou votre couteau.

Il serait très malpropre de se servir de ses doigts pour porter des viandes à sa bouche. Si par hasard on trouve quelque chose de malpropre dans son assiette, il faut éviter de le dire et même de le laisser apercevoir.

158. — La chanson de l'alouette.

Je suis, je suis le cri de joie
Qui sort des prés à leur réveil,
Et c'est moi que la terre envoie
Offrir le salut au soleil.

Je plane et chante la première
Dans l'azur frais où l'aube éclôt;
Je me baigne dans la lumière,
Et vais me mirer dans un flot.

Ma voix est sans note plaintive,
Je ne dis rien au triste soir;
Je suis la chanson folle et vive
De la jeunesse et de l'espoir.

Je dis au malade qui veille :
Bénis Dieu, la nuit va finir !
Au laboureur que je réveille :
Fais ton sillon pour l'avenir !

(V. DE LAPRADE.)

---

159. — Phosphore. — Ses usages.

Le phosphore s'extrait des os. C'est un corps solide, ayant à peu près la consistance de la cire molle. Comme il s'enflamme aisément au contact de l'air, il faut, pour le conserver, avoir la précaution de le tenir sous l'eau.

Il ne doit être manipulé qu'avec une extrême prudence, les brûlures qu'il occasionne étant des plus redoutables. Il est de plus un poison violent.

Son nom, qui signifie *porte-lumière*, lui a été donné en raison de l'extrême facilité avec laquelle il entre en combustion.

Exposé à l'air libre, il répand des fumées blanches qui sont lumineuses dans l'obscurité.

Le phosphore sert principalement à la fabrication des allumettes.

Le bois employé dans cette fabrication est le sapin, le peuplier ou le saule, dont les morceaux sont fendus en croix dans le sens de la longueur au moyen de lames d'acier.

Rangés dans des cadres, les paquets d'allumettes sont baignés un instant, par leur extrémités soufrée, dans une composition épaissie, formée de colle, de phosphore, de sable très fin et de matière colorante.

Il suffit de frotter légèrement une allumette sur un corps dur et sec, pour obtenir aussitôt une flamme vive et subite.

---

160. — La chaux.

Décomposée par la chaleur, qui en chasse l'acide carbonique, la pierre à bâtir ou *calcaire* devient de la *chaux*.

La cuisson s'opère dans un four ayant la forme d'un tonneau qui reposerait sur une de ses extrémités, tandis que l'autre serait béante.

On dépose, par le haut, un lit de charbon de terre et un lit de pierres, pour continuer ainsi jusqu'à ce que le four soit entièrement rempli.

A mesure que la chaux est cuite, on la retire par le bas du four, tandis qu'on dépose par l'ouverture supérieure de nouvelles couches de combustible et de calcaire, alternativement.

Les fours construits d'après ce système sont dits *coulants;* ils sont beaucoup plus expéditifs, et le feu peut être continué sans interruption.

Ce procédé de fabrication est employé dans la Mayenne, où l'on opère sur une grande échelle.

Pour employer la chaux dans des constructions, on 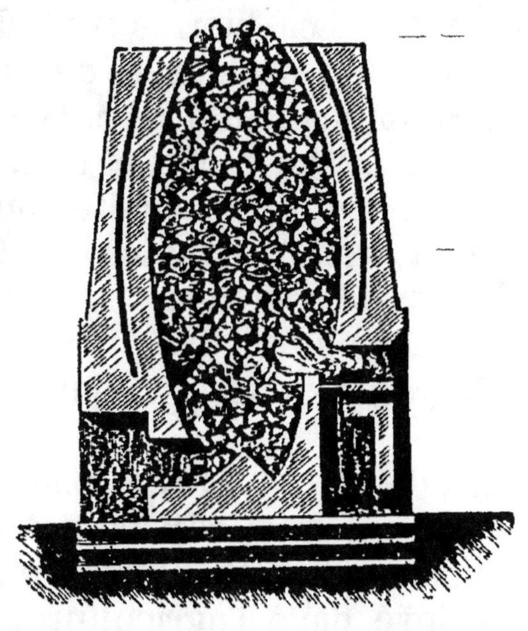 l'éteint avec de l'eau; puis on la mélange avec du sable bien pur, dans la proportion de deux parties de sable contre une partie de chaux.

La chaux est aussi employée comme amendement en agriculture.

161. — Le plâtre.

Le plâtre *cru* est une pierre blanche, appelée *gypse,* qui se rencontre dans plusieurs régions de la France, notamment dans le bassin de la Seine, aux environs de Paris, où elle forme une épaisse couche souterraine.

Les carrières de gypse sont exploitées à ciel ouvert. Les pierres sont déposées dans des fours, où la chaleur les débarrasse de l'eau qu'elles contiennent. Au bout de douze heures, la cuisson est terminée, et on a le plâtre cuit. Écrasé et réduit en poudre, puis tamisé, le plâtre est employé dans les constructions avec le plus grand avantage.

C'est avec le plâtre qu'on fait les enduits intérieurs, auxquels on peut donner un beau poli.

Gâché avec de l'eau, le plâtre se prend en un corps solide et résistant. Aussi l'emploie-t-on pour sceller des objets dans la pierre.

Employé dans l'agriculture, il produit de bons effets sur les prairies artificielles.

---

162. — L'or.

On trouve l'or à l'état de pureté; ses paillettes sont seulement mêlées au sable, avec lequel elles ont été entraînées par les eaux courantes. On les en sépare par le lavage.

Le sable est lavé dans des sébiles de bois, où il est remué et mis en mouvement jusqu'à ce que les particules d'or soient déposées au fond du vase ; puis on rejette, toujours en tournant, le sable ainsi appauvri.

C'est surtout en Amérique et en Océanie que se rencontrent les sables aurifères.

Ce métal, d'une belle couleur jaune, ne s'altère pas ; toujours il conserve son éclat.

On l'emploie, dans tous les pays, comme

valeur monétaire; on en fait des objets de luxe, de parure et de prix.

L'or se divise à l'infini. D'abord au moyen du laminoir, puis par le battage, l'or peut être réduit en feuilles tellement minces, qu'un millier de feuilles empilées l'une sur l'autre auraient à peine un millimètre d'épaisseur.

Ces feuilles servent à la dorure des glaces, des cadres, etc.

L'or se tire également en fils très déliés, revêtant ainsi un fil de soie entouré d'argent, sur lequel l'or est appliqué en passant par la *filière*.

163. — L'argent.

L'argent, lui aussi, existe à l'état pur; il est seulement mélangé à d'autres substances, le plus souvent au soufre et au plomb.

Par les nombreuses ramifications qu'ils présentent, les *filons d'argent* figurent assez bien des arbustes métalliques et souterrains qui plongeraient capricieusement à travers les couches du globe.

Ce métal, d'une blancheur éclatante, ne s'altère pas.

Cette qualité l'a fait ranger parmi les *métaux précieux* et employer dans le système monétaire de tous les peuples civilisés.

On en fait aussi des objets de luxe, mais sa valeur est bien inférieure à celle de l'or.

De même que l'or, il est *malléable* et *ductile* : on peut le réduire en feuilles, dont 500 auraient ensemble moins d'un millimètre d'épaisseur, et avec un gramme d'argent il serait possible d'obtenir un fil d'une longueur de 2,600 mètres.

L'or et l'argent sont de bons serviteurs et de méchants maîtres ; ce qui veut dire qu'ils permettent de pourvoir aux nécessités de la vie, et en cela ils servent bien nos intérêts, mais que le démon de l'avarice nous rend durs pour les autres et pour nous-mêmes.

---

164. — Le pays.

Oh ! ne quittez jamais, c'est moi qui vous le dis,
Le devant de la porte où l'on jouait jadis ;
L'église où, tout enfant, et d'une voix légère,
Vous chantiez à la messe auprès de votre mère ;
Et la petite école où, traînant chaque pas,
Vous alliez le matin, oh ! ne la quittez pas !
Car, une fois perdu parmi ces capitales,
Ces immenses cités, aux tourmentes fatales,
Repos, franche gaîté, tout s'y vient engloutir.
Et vous les maudissez sans pouvoir en sortir.

165. — Les vœux du sage.

Laissons, laissons aller le monde
Comme il lui plait, comme il l'entend ;
Vivons caché, libre et content,
Dans une retraite profonde.
Là, que faut-il pour le bonheur ?
La paix, la douce paix du cœur.
Le désir vrai qu'on nous oublie,
Le travail qui sait éloigner
Tous les fléaux de notre vie,
Assez de bien pour en donner,
Et pas assez pour faire envie.

(FLORIAN.)

166. — Le cuivre et ses alliages.

Le minerai de cuivre renferme aussi du soufre et du fer. On lui fait subir diverses préparations pour obtenir le cuivre pur, qui est rouge et très sonore.

Le cuivre est facilement réduit en feuilles et tiré en fils.

Combiné avec le zinc, il est d'une belle couleur jaune et prend le nom de *laiton*.

Son alliage avec l'étain donne le *bronze*.

Avec le cuivre rouge, on double la coque

des navires; on en fait aussi des alambics pour la distillation du vin et du cidre dont on veut retirer l'eau-de-vie.

Avec le laiton, on fabrique des instruments de physique, de musique et mille autres objets.

Avec le bronze, où domine le cuivre, on coule les statues, on fait les cloches et le plus souvent les canons.

Les plus riches mines de cuivre en Europe sont celles de Russie, de Norwège, d'Allemagne et d'Angleterre.

***

167. — L'étain.

Dans la nature, l'étain se trouve mélangé à d'autres substances minérales; on l'en débarrasse par la fusion.

Ce métal est d'un blanc argentin, peu résistant, dépourvu de sonorité.

On le réduit en feuilles par le battage.

Il est d'un usage très fréquent : on en fait des ustensils de ménage, et, sous ce rapport, on peut dire qu'il constitue l'argenterie du pauvre.

Le fer-blanc ne doit son nom et sa couleur brillante qu'à la mince couche d'étain dont il est revêtu.

L'étamage des vases et ustensiles de cuivre

est une des plus utiles applications. Par là on évite les graves accidents que la présence du vert-de-gris ne manquerait pas d'occasionner fréquemment.

L'étain entre aussi dans la composition du bronze et dans la fabrication des miroirs et des glaces.

Les principales mines d'étain se rencontrent en Angleterre et en Allemagne.

168. — Le fer.

Le minerai de fer, qui est une pierre rougeâtre, pesante et dure, se rencontre dans la plupart des États européens, notamment en Russie, en Norwège, en Allemagne et en France.

On le mélange avec du coke, et on le brûle dans des hauts fourneaux ; il y est porté à une température si élevée, que le fer entre en fusion, se débarrasse de la partie pierreuse ou schisteuse, et coule comme un liquide.

En cet état, on le reçoit dans des sillons tracés dans du sable, où il se solidifie en se refroidissant.

C'est ainsi que s'obtient la fonte, très cassante d'abord, mais qui, après diverses préparations, deviendra le fer forgé, l'acier, etc.

Le fer réduit en feuilles est de la tôle. Il

peut aussi être tiré en fils, en passant par les
trous de la filière.

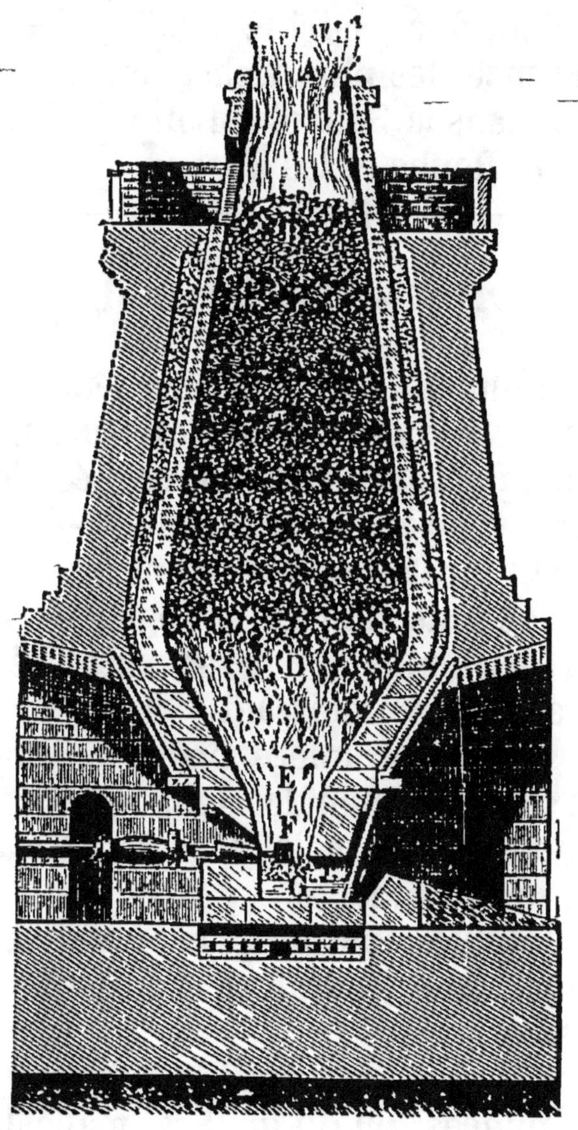

C'est le plus utile et le plus employé de tous
les métaux; ses usages sont si nombreux, si

variés et si connus; on le rencontre sous tant de formes, depuis la fine aiguille jusqu'à la puissante et lourde locomotive, qu'il serait inutile d'en donner ici le détail.

En France, les plus riches mines de fer se trouvent dans la Saône-et-Loire, la Nièvre, la Meuse, le Doubs et les Vosges.

---

169. — Un laminoir.

Pour réduire les métaux en feuilles d'une épaisseur variable, on emploie une machine appelée *laminoir;* elle est formée de deux cylindres d'acier, posés l'un au-dessus de l'autre et tournant en sens contraire.

La plaque métallique est engagée par l'une de ses extrémités et passe entre les deux cylindres en s'amincissant.

Après cette première opération, on rapproche graduellement les deux cylindres pour en diminuer l'intervalle, et la feuille s'amincit chaque fois davantage.

On continue ainsi jusqu'à ce que la feuille métallique soit réduite à l'épaisseur jugée nécessaire.

Quand un métal se réduit facilement en feuilles minces, on dit qu'il est malléable; et, d'autre part, il est *ductile* s'il se tire aisément en longs fils.

170. — Le zinc.

Le zinc est blanc, avec reflet bleuâtre; ses composés sont vénéneux; c'est pour celaqu'on ne peut l'employer pour des objets servant à la cuisine.

Mais on s'en sert pour galvaniser le fer, c'est-à-dire pour recouvrir les fils de fer de cette légère couche blanchâtre qui l'empêche de se rouiller.

On emploie le zinc dans les constructions, pour faire des toitures légères, des gouttières avec leurs tuyaux de descente.

Les minerais de zinc se rencontrent sur plusieurs points de notre territoire; mais ils sont plus abondants et plus riches dans d'autres contrées de l'Europe.

171. — Le plomb.

L'Angleterre, l'Allemagne, l'Espagne et l'Italie possèdent d'importantes mines de plomb. Ce métal est blanc et donne un reflet bleuâtre, mais il se ternit promptement. Il est plus mou encore que l'étain.

Le plomb sert à la toiture de nos monuments publics, dans les grandes villes; on en fait des tuyaux de conduite pour le gaz d'éclairage.

Il sert aussi à la fabrication de projectiles pour les armes à feu.

Le plomb de chasse s'obtient en laissant tomber du haut d'une tour du plomb fondu, qui, se divisant dans sa chute, tombe en gouttelettes dans une auge remplie d'eau.

Ces gouttelettes, se refroidissant dans le bain liquide, se prennent définitivement en grains solides de diverses grosseurs. On crible ensuite, et on fait autant de catégories que les grains présentent de grosseurs différentes.

Tous les composés du plomb sont vénéneux: l'un d'eux, la céruse, est employé dans la peinture pour obtenir la couleur blanche.

Très souvent les ouvriers qui travaillent ce métal éprouvent de vives douleurs appelées communément *coliques de plomb*. Leur santé s'en trouve souvent altérée, leur vie abrégée.

---

172. — La voix d'une mère.

Enfant, qui seras femme,
N'ouvre jamais ton âme
Qu'aux modestes vertus;
Que la charité sainte

Berce et calme la plainte
Des esprits abattus !

Que ta pure espérance
Relève la souffrance ;
Que ton hymne de foi,
Comme une chaste offrande,
Monte au ciel et répande
La paix autour de toi.

Sois l'ange qui console ;
De ta douce parole
Prodigue le secours ;
Au malheur tends l'oreille,
Près du malade veille,
Et près du pauvre accours.

Coule une vie obscure
Que le devoir remplit ;
L'onde à l'ombre est plus pure,
Rien ne trouble son lit.

(L. COLET.)

---

173. — Reconnaissance.

Oh ! que tes œuvres sont belles !
Grand Dieu, quels sont tes bienfaits !
Que ceux qui te sont fidèles
Sous ton joug trouvent d'attraits !
Ta crainte inspire la joie,
Elle assure notre voie,

Elle nous rend triomphants ;
Elle éclaire la jeunesse
Et fait briller la sagesse
Dans les plus faibles enfants.

(J.-B. ROUSSEAU.)

174. — Épingles.

Bien des ouvriers concourent à la fabrication des épingles, et c'est précisément la division du travail qui permet de les vendre à si bon marché.

Au moyen de cisailles, un ouvrier coupe le fil de laiton par bouts d'une longueur doublé de celle qu'on veut donner aux épingles ; un autre les appointe aux deux extrémités sur une meule d'acier ou de fer.

Coupée par le milieu, chaque petite tige aiguisée forme deux épingles.

Un fil de laiton très fin est enroulé en tortillon sur une broche et formera la tête de l'épingle ; on l'y fixera par un léger coup de martelet.

Après cette série d'opérations, les épingles sont noires et grasses.

Pour les nettoyer, on les plonge dans un bain très chaud de lie de vin, ou mieux de *crème de tartre.*

On les préservera de l'oxydation en les

étendant sur le fond de bassins qui contiennent une mince couche d'étain, et qui sont empilés dans une chaudière remplie d'une dissolution de crème de tartre.

Lavées à grande eau, puis séchées, elles sont ensuite mélangées et polies avec du son dans un tonneau qui tourne rapidement.

On les en sépare par le vannage, comme on le fait des grains avec le van.

En France, les principales fabriques d'épingles sont celles de Laigle (Orne) et de Rugles (Eure).

175. — Pêche de la morue.

La morue qui sert à notre alimentation, surtout en hiver, se pêche bien loin de nous, près des côtes de l'Amérique du Nord, sur le *banc de Terre-Neuve*.

Chaque année, au mois de mars, de nombreux navires partent de différents ports de Dunkerque, Dieppe, Granville, Saint-Malo, Saint-Servan, traversent l'Atlantique et se rendent aux îles françaises de *Saint-Pierre* et de *Miquelon*, très voisines de Terre-Neuve.

Arrivés au *banc*, après quinze ou vingt jours de traversée, les navires jettent l'ancre : ils sont là pour six mois.

Quand l'état de la mer le permettra, la

plupart des 80 ou 100 hommes qui montent chaque gros bateau descendront dans des chaloupes et iront pêcher.

La pêche se fait à la ligne. A l'extrémité d'un filin est attaché un hameçon avec le pe-

tit poisson, *lançon* ou *capelan*, qui doit servir d'appât.

La pêche faite, les hommes reviennent à terre, où ils se sont construit des cabanes; là ils vident, lavent et salent les morues qu'ils ont prises.

Lorsque la saison en sera venue, au mois d'octobre, les navires reviendront au port de partance avec leur cargaison. Mais plusieurs feront défaut, car il n'est pas d'année où la tourmente n'occasionne des naufrages et ne fasse périr de nombreux pêcheurs.

176. — Pêche de la baleine.

La baleine, qui vit dans les mers polaires, est d'une grosseur énorme et mesure souvent de 15 à 20 mètres de longueur; d'un coup de sa queue elle peut faire chavirer une barque avec les hommes qui la montent.

On arme spécialement des navires pour en faire la pêche.

Lorsque les marins aperçoivent une baleine endormie, ils descendent dans une chaloupe et s'en approchent sans bruit.

Ils enfoncent dans sa masse un *harpon* de fer auquel s'attache un long cordage, retenu à l'embarcation par l'une de ses extrémités.

L'animal plonge alors et disparaît dans les eaux; mais il ne tarde pas à revenir à la surface pour respirer. Il est harponné chaque fois qu'il reparaît.

La fatigue, ses nombreuses blessures, la perte de son sang l'épuisent, et il flotte sans vie à la surface de l'eau.

Les matelots traînent leur capture à la remorque jusqu'à leur navire. Le lard de la baleine est taillé, dépecé par tranches, fondu et converti en huile.

Les lamelles cornées ou fanons, au nombre

de trois à quatre cents, que la bête porte à sa mâchoire supérieure, sont détachées et recueillies pour en faire divers objets, des montures de parapluies notamment.

177. — Les saisons.

Seuls dans le monde, les habitants de la région voisine de l'équateur ont des jours et des nuits d'une longueur à peu près égale. En toute saison, le *lever* du soleil est pour eux à six heures du matin, son *coucher* à six heures du soir. Partout ailleurs, le jour et la nuit croissent ou décroissent, en proportion de la distance qui sépare chaque région de l'équateur.

Le plus long jour et la nuit la plus longue forment en réalité les deux dates principales de la division de l'année. C'est ce qu'on appelle les *solstices*, c'est-à-dire l'époque où le soleil s'arrête ou semble s'arrêter un moment dans sa course, avant de descendre ou de remonter sur l'horizon.

Par contre, les deux époques où les jours et les nuits sont parfaitement égaux en durée s'appellent les *équinoxes*.

Le *solstice d'été*, date du plus long jour pour notre zone, tombe le 21 juin; le *solstice d'hiver*, date de la plus longue nuit, le 21 décembre.

L'*équinoxe du printemps* tombe le 21 mars, ·et l'*équinoxe d'automne* le 21 septembre.

De ces quatre divisions naturelles résultent nécessairement les quatre saisons de l'année, savoir :

Le *printemps*, du 21 mars au 21 juin;

L'*été*, du 21 juin au 21 septembre;

L'*automne*, du 21 septembre au 21 décembre;

L'*hiver*, du 21 décembre au 21 mars.

178. — L'acide carbonique.

En s'unissant par la combustion, l'oxygène de l'air et le charbon forment un gaz qu'on appelle *acide carbonique,* et qui est invisible, comme l'air lui-même. Et s'il fait mousser le vin, pétiller l'eau gazeuse, n'allez pas croire pour cela qu'il soit bienfaisant par sa nature. Bien au contraire, c'est un poison mortel.

Plus pesant que l'air, il ne s'élève pas et s'accumule sur le parquet à une faible hauteur. Aussi faut-il se garder de laisser de petits enfants jouer dans la chambre d'une repasseuse.

Les charbons qui brûlent sur un fourneau ou sur un réchaud produisent ce gaz en abondance. Les violents maux de tête de l'ouvrière ne viennent que de cette source; si la pièce était dépourvue de cheminée et que la porte fût close, la mort de la pauvre femme s'ensuivrait bientôt.

Souvent des ouvriers qui descendent dans des puits fermés depuis longtemps sont asphyxiés en arrivant au fond. Presque toujours leur mort est due à la présence de l'acide carbonique, qui s'y trouve accumulé à la longue. Il y a préalablement des précautions à prendre : on y descend une lampe allumée ; si la flamme s'éteint, l'ouvrier doit s'abstenir de descendre.

179. — Régime des malades.

Il y a des gens qui se présentent chez les malades par politesse ; ce n'est pas au malade de les recevoir. D'autres viennent moitié pour se distraire, moitié pour se donner de l'importance, pour conseiller ou critiquer ; leur présence n'est pas désirable.

N'admettez dans la chambre d'un malade qu'un petit nombre d'intimes, qui sympathisent avec lui, l'encouragent, le réconfortent, ceux qui forment la famille du cœur. Qu'ils ne parlent pas trop, c'est important ; leur présence, un sourire, un serrement de main feront un bien inexprimable ; les malades se plaisent à demeurer silencieux en compagnie de ceux qu'ils aiment.

Le temps n'est plus heureusement où l'on faisait mourir de faim les malades par système, de peur de *nourrir la maladie ;* mais, encore aujourd'hui, on les met souvent en péril faute de savoir vaincre ou éluder leur répugnance pour les aliments. Chez le malade, le manque d'appétit n'indique nullement que le corps n'a pas besoin de nourriture, et, au bout de quelque temps d'une diète inconsidérée, on fait de vains efforts pour ranimer, à défaut de l'appétit, les fonctions digestives qui lui auront survécu.

Éveillez à cet égard les désirs du malade; ne lui montrez jamais une nourriture qui ne lui est pas destinée; ne présentez à ses yeux que de petites portions; surtout beaucoup de tolérance quant aux heures et quant au choix des aliments, car il se manifeste chez les malades une sorte d'instinct, d'appétence extraordinaire, que l'on peut presque toujours satisfaire sans danger.

180. — Fabrication des aiguilles.

Des fils d'acier sont assemblés et coupés en tronçons de deux fois la longueur d'une aiguille.

On aiguise les tronçons par les deux bouts, d'abord sur une meule de grès, puis sur une meule de bois, que l'on couvre d'une mince couche d'huile et d'une poussière très fine et très dure, appelée *émeri*. Sur la première meule, la pointe se dégrossit; sur la seconde, elle acquiert sa perfection.

On coupe ensuite les tronçons en deux

parties égales, dont chacune doit faire une aiguille.

L'ouvrier prend entre ses doigts quatre ou cinq de ces aiguilles imparfaites, les étale en éventail et les applique par le gros bout sur une petite enclume; puis, d'un léger coup de marteau, il aplatit la tête de chacune, pour y percer ensuite le *chas,* ou œil de l'aiguille.

L'opération est extrêmement délicate. Deux ouvriers y mettent la main, armés chacun d'un poinçon.

Le premier applique la tête de l'aiguille sur une petite masse de plomb, place la pointe de son instrument dans la cannelure d'une face, et, frappant un coup de marteau sur la tête du poinçon, obtient une double fossette sur la seconde face.

L'autre ouvrier reprend les aiguilles et, à l'aide de son poinçon, enlève le petit morceau d'acier qui séparait les deux fossettes : l'ouverture est pratiquée.

Souvent ce travail si délicat est exécuté par des enfants d'une étonnante adresse.

Les aiguilles sont ensuite rangées sur une plaque de tôle, que l'on pose sur des charbons ardents; quand elles sont portées à une température suffisante, on les jette brusquement dans un bain d'eau froide, pour leur donner la *trempe.*

Une fois refroidies, elles sont rigides et fragiles. Il reste à leur donner le poli et le brillant.

Au nombre de quinze à vingt mille, les aiguilles sont distribuées par petits paquets égaux, arrosées d'huile, saupoudrées d'émeri et renfermées dans des enveloppes de grosse toile nouées aux deux bouts.

Ces paquets sont rangés sur une grande table et recouverts d'un plateau chargé de poids.

Entraînés par le plateau dans un mouvement de va-et-vient, ils roulent sur eux-mêmes, et les aiguilles, frottant l'une contre l'autre, se polissent mutuellement.

Il n'y a plus qu'à les laver dans un bain d'eau chaude et de savon, à les sécher, à les mettre par paquets de *cent* et à les envelopper.

Les meilleures aiguilles sont fabriquées en Angleterre, en Prusse et à Laigle (Orne).

---

181. — Le buisson et la rose.

« Comment! déjà sur le retour,
Ce matin même à peine éclose!
Pauvre fleur, tu ne vis qu'un jour! »
Disait le buisson à la rose.

« Je n'ai pas vécu sans honneur :
Un parfum me métamorphose;

Je laisse après moi bonne odeur;
Puis-je regretter quelque chose? »

182. — La guenon, le singe et la noix.

Une jeune guenon cueillit
Une noix dans sa coque verte;
Elle y porte la dent, fait la grimace .. «Ah! certes,

Dit-elle, ma mère mentit
Quand elle m'assura que les noix étaient bonnes.
Puis, croyez aux discours de ces vieilles personnes,

Qui trompent la jeunesse! Au diable soit le fruit! »
Elle jette la noix. Un singe la ramasse,
    Vite entre deux cailloux la casse,
    L'épluche, la mange, et lui dit :
    « Votre mère eut raison, ma mie;
Les noix ont fort bon goût; mais il faut les ouvrir.
    Souvenez-vous que, dans la vie,
Sans un peu de travail on n'a point de plaisir. »

                (FLORIAN.)

---

183. — Le tonnerre.

La foudre est l'étincelle qui jaillit le plus souvent entre deux nuages chargés d'électricité différente, ou entre un nuage et quelque point du sol, point élevé la plupart du temps. Le tonnerre est le bruit qui résulte du déplacement des couches d'air traversées par l'éclair et de leur rapide retour sur elles-mêmes. Presque toujours on n'entend le tonnerre qu'un certain temps après l'apparition de l'éclair. On sait, en effet, que le son parcourt trois cent quarante mètres environ par seconde. Si donc la foudre éclate à un kilomètre de distance, par exemple, nous n'entendrons le bruit du tonnerre que trois secondes après avoir vu l'éclair.

Tout éclair est nécessairement accompagné d'un coup de tonnerre. Cependant on voit quelquefois en été, à l'horizon, se succéder des éclairs qui ne sont suivis en apparence d'aucun bruit; on les nomme vulgairement *éclairs de chaleur*. L'absence du bruit, pour l'oreille de l'observateur, doit être uniquement attribuée à l'éloignement de l'orage.

En général, les points les plus exposés aux ravages de la foudre sont ceux qui, par leur élévation, se trouvent placés sous l'influence des nuages orageux. C'est pour cela qu'il faut éviter de chercher un abri sous les arbres; en rase campagne, le voisinage d'une haie n'est pas même sans danger. On a remarqué que les arbres résineux sont rarement atteints.

184. — La loi.

D'accord avec la morale et la raison, la loi est la règle commune à tous les citoyens d'un même pays, à tous les membres d'une même patrie. Tous doivent lui obéir.

Les lois sont nombreuses, enfants, et vous ne pouvez toutes les connaître; mais vous ne devez pas ignorer les dispositions auxquelles on contrevient le plus fréquemment.

Les textes que vous allez lire énumèrent des pénalités qui suffiront, j'en suis sûr, pour vous prémunir contre tout manquement à la loi.

« Seront punis d'une amende de 5 à 15 fr.
« et pourront l'être de un an à cinq jours de

« prison, ceux qui auront exercé publique-
« ment et abusivement de mauvais traite-
« ments envers les animaux domestiques. La
« peine de la prison sera toujours appliquée
« en cas de récidive. »

Principaux actes tombant sous l'application
de la loi : « Les blessures faites volontaire-
« ment, les coups violents, le travail des ani-
« maux blessés, la surcharge, l'entassement
« des animaux dans les voitures de trans-
« port, les jeux cruels où des animaux sont
« employés, etc. » (*Loi Grammont, du 2 juillet* 1850.)

« La loi punit d'un emprisonnement de
« deux à cinq ans ceux qui auront dévasté
« des récoltes sur pied ou des plants d'arbres.
« La peine de la prison est également portée
« contre ceux qui auront abattu, mutilé,
« coupé et écorcé des arbres appartenant à
« autrui. » (Code pénal, art. 444, 445, 446.)

« Il est expressément défendu de prendre
« ou de détruire les nids d'oiseaux de pays,
« leurs œufs et leurs couvées. L'article 11 de
« la loi du 3 mai 1844 punit d'une amende de
« 16 fr. à 100 fr. ceux qui auront contrevenu
« à cette défense, et l'article 28 dispose que
« le père, la mère ou le tuteur sont civile-
« ment responsables des délits commis par
« leurs enfants mineurs ou leurs pupilles. »
(*Extrait de l'arrêté du 1er juillet 1879.*)

185. — Le clairon.

L'air est pur, la route est large,
Le clairon sonne la charge,
Les zouaves vont chantant;
Et là-haut sur la colline,
Dans la forêt qui domine,
Le Prussien les attend.

A la première décharge,
Le clairon sonnant la charge
Tombe frappé sans recours;
Màis, par un effort suprême,
Menant le combat quand même,
Le clairon sonne toujours.

Il est là, couché sur l'herbe,
Dédaignant, blessé superbe,
Tout espoir et tout secours;
Et, sur sa lèvre sanglante,
Gardant sa trompette ardente,
Il sonne, il sonne toujours.

Puis, dans la forêt pressée,
Voyant la charge lancée
Et les zouaves bondir,
Soudain le clairon s'arrête.
La dernière tâche est faite !
Il achève de mourir !

(P. Déroulède.)

TABLE DES POÉSIES

POUR LA RÉCITATION

20374. — Tours, impr. Mame.

9 782016 118696